AF292537

Erik Bauer

40
Ausmalbilder

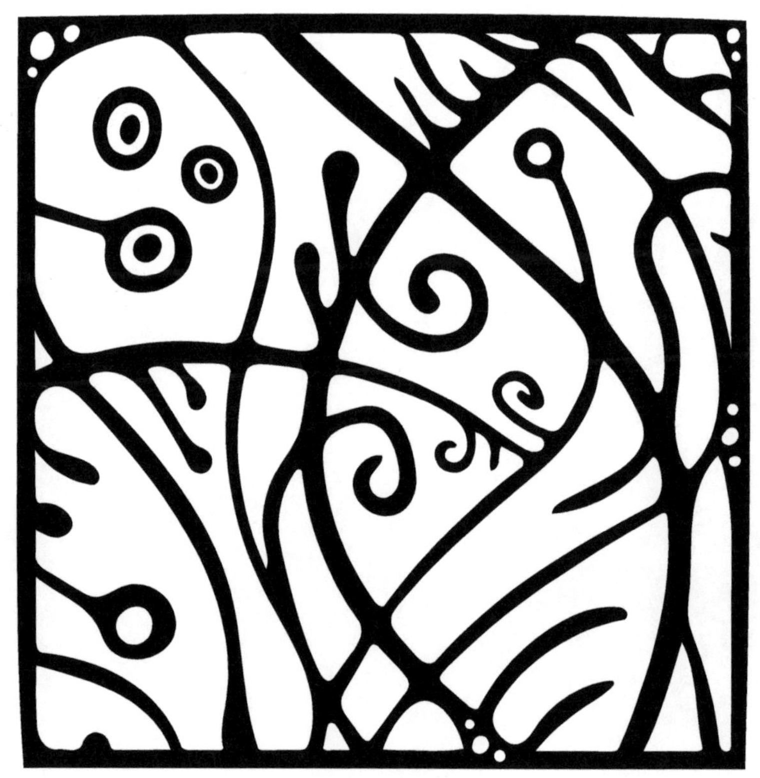

2022

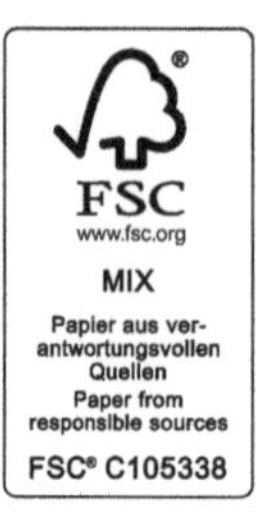

Bibliografische Information der Deutschen Nationalbibliothek: Die Deutsche Nationalbibliothek verzeichnet diese Publikation in der Deutschen Nationalbibliografie; detaillierte bibliografische Daten sind im Internet über dnb.dnb.de abrufbar.

Herstellung und Verlag: BoD – Books on Demand, Norderstedt

ISBN: 9783755783305

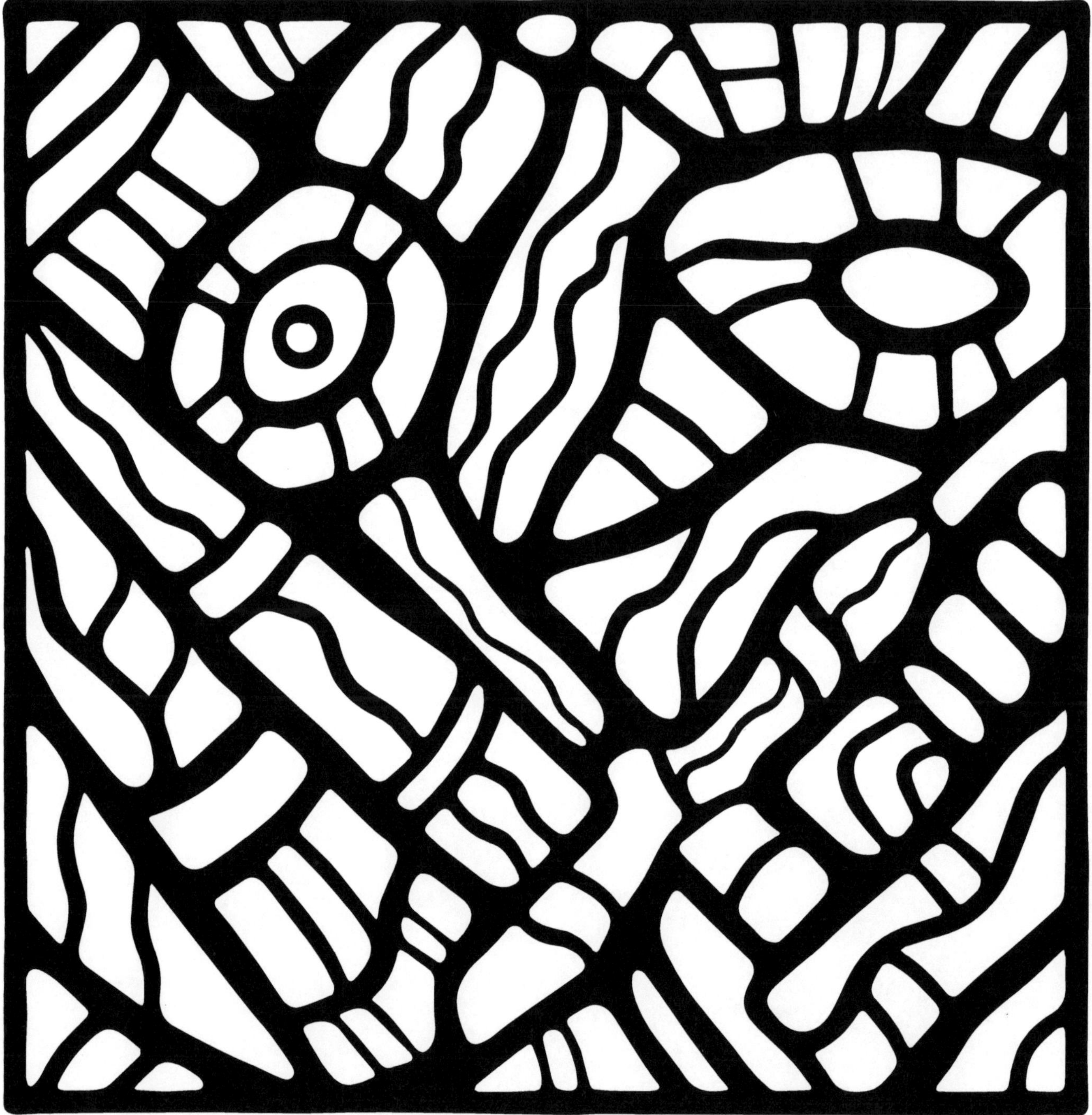

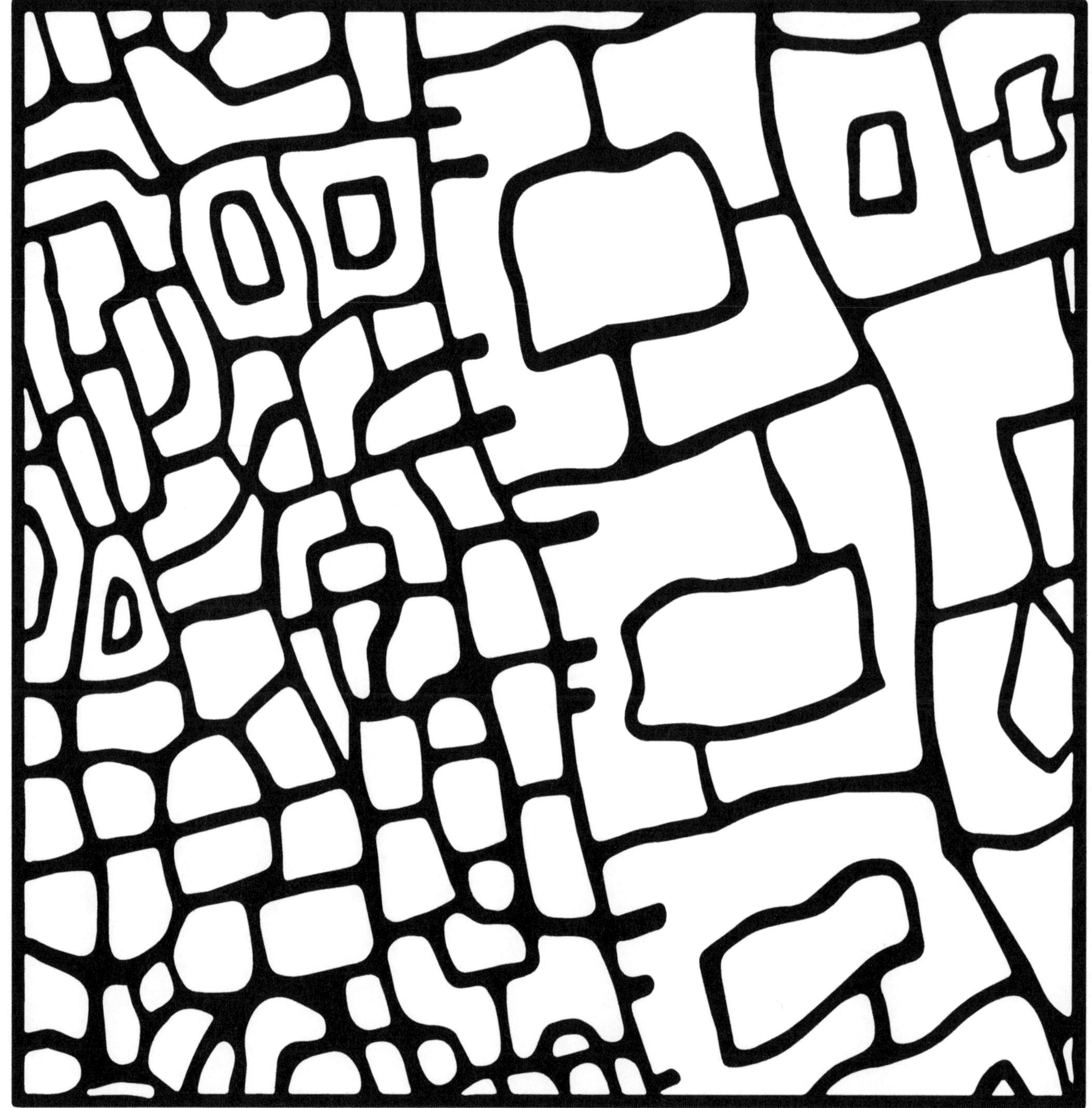

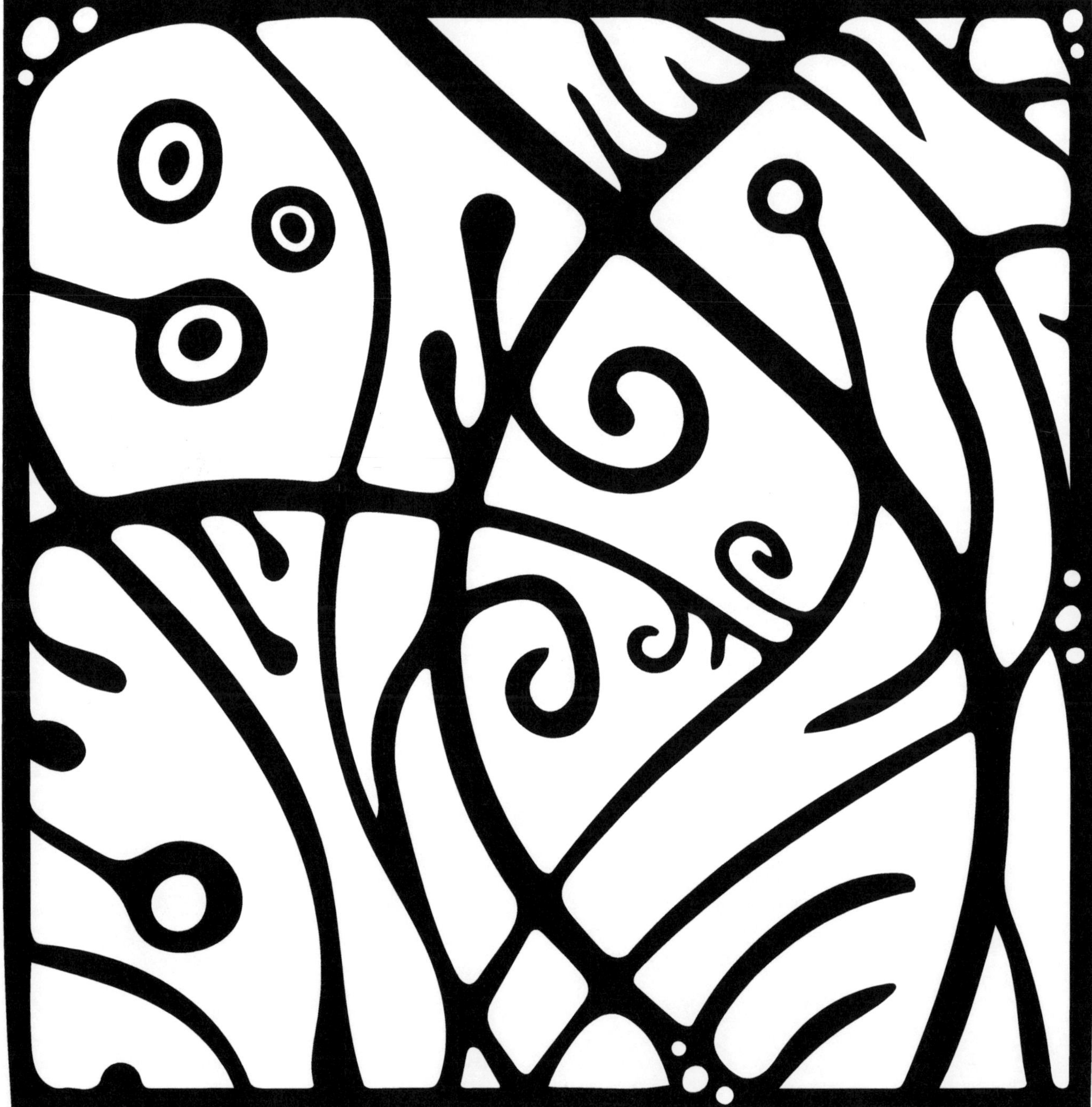

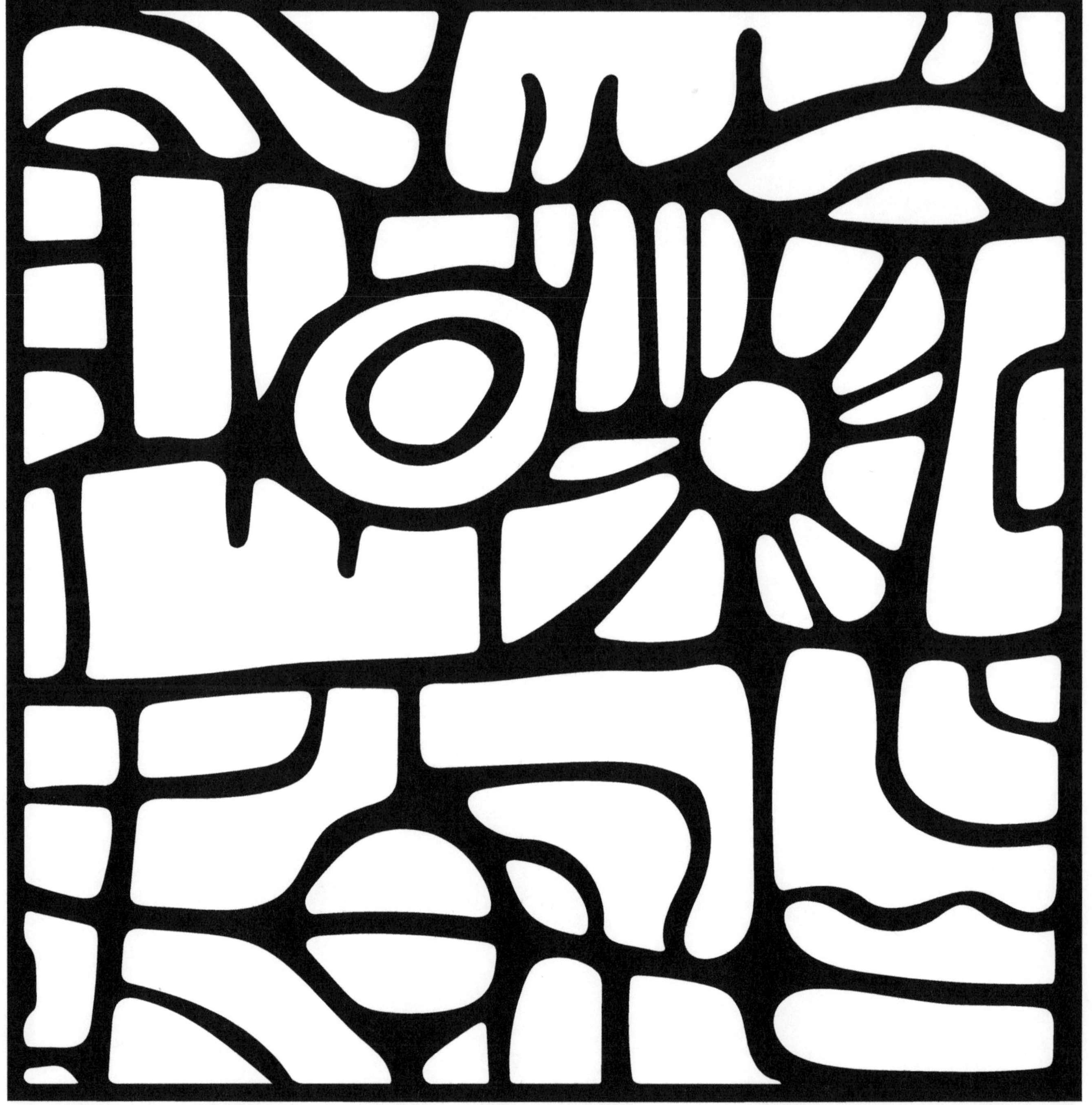

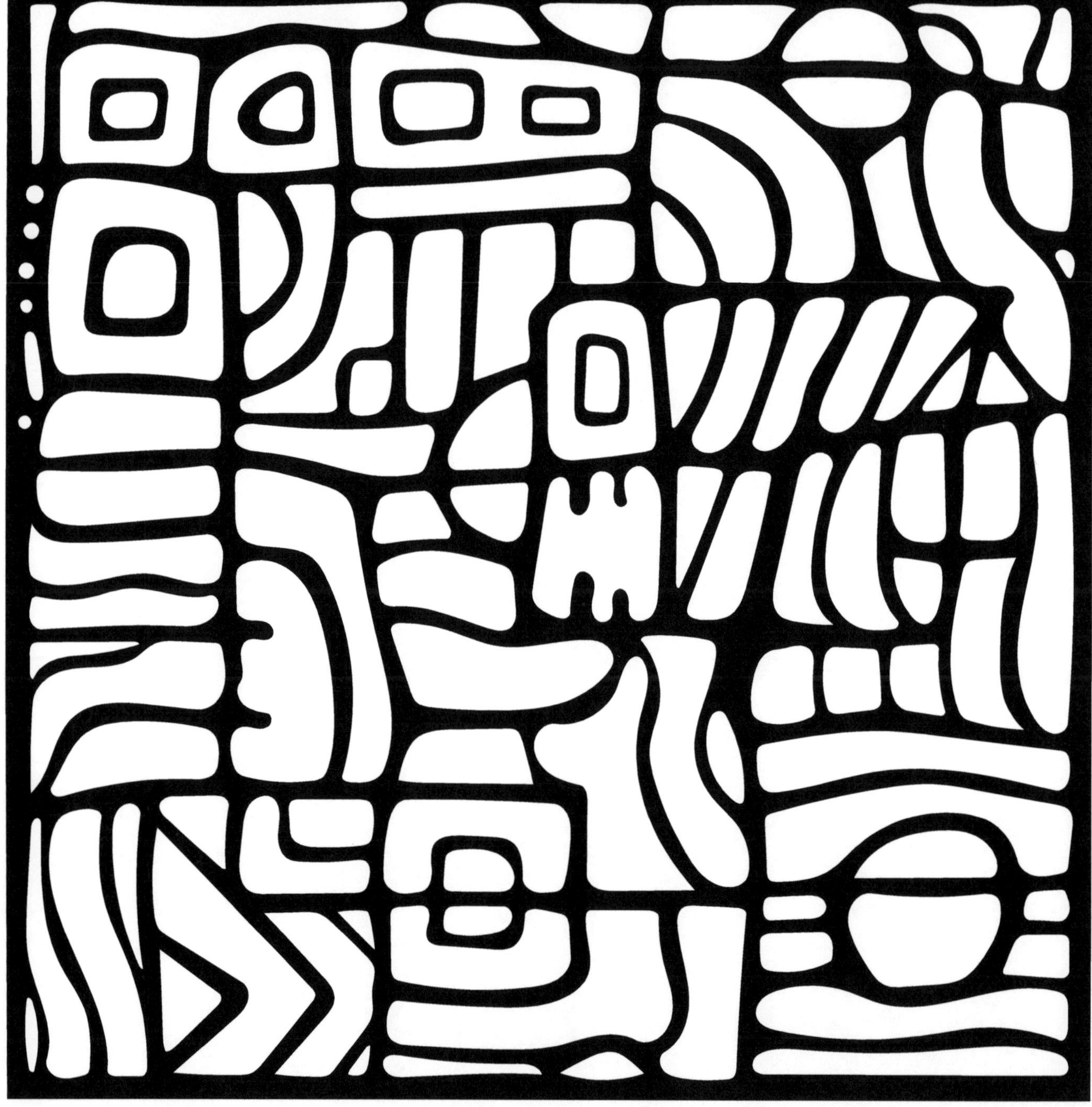

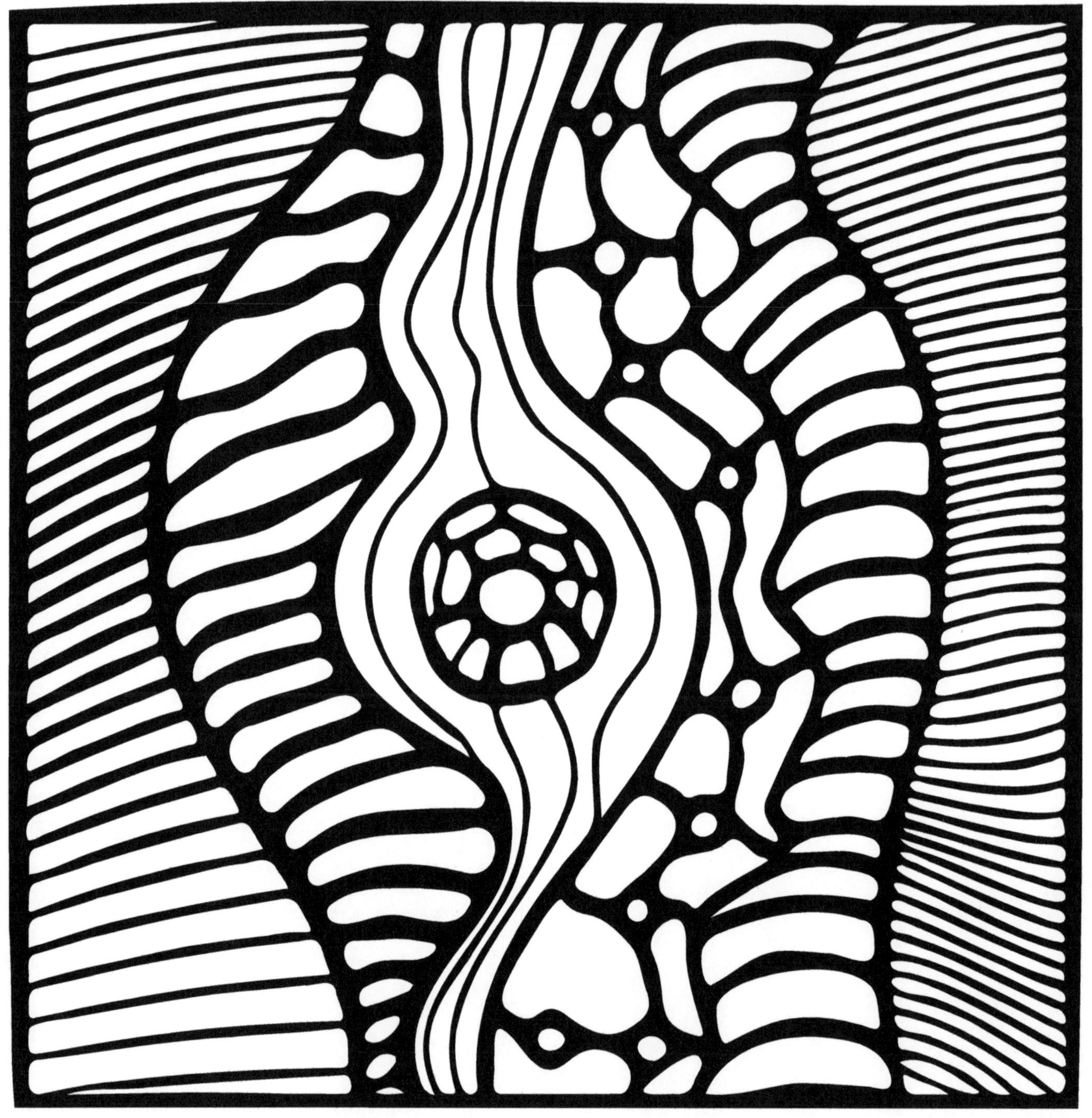

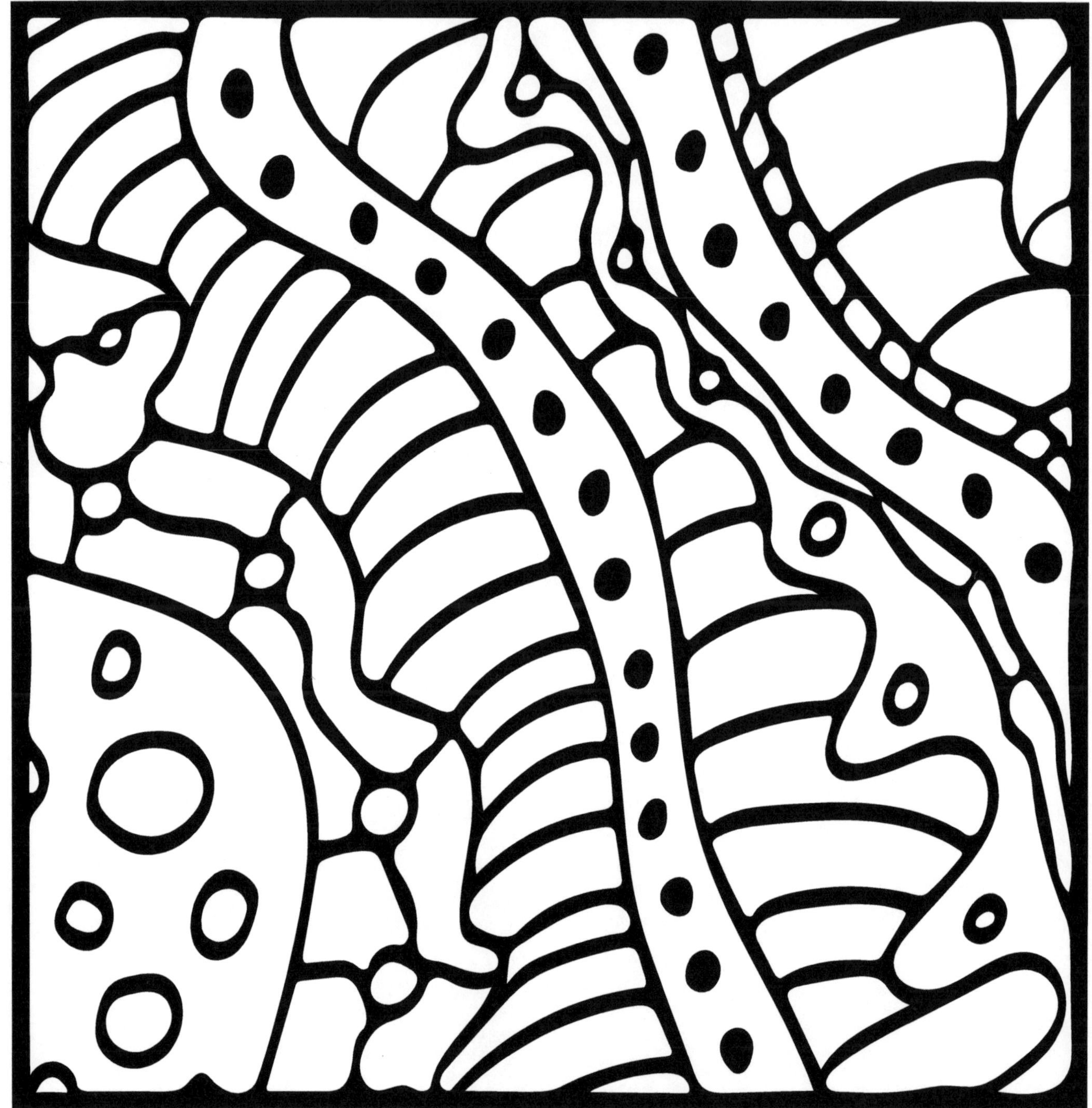

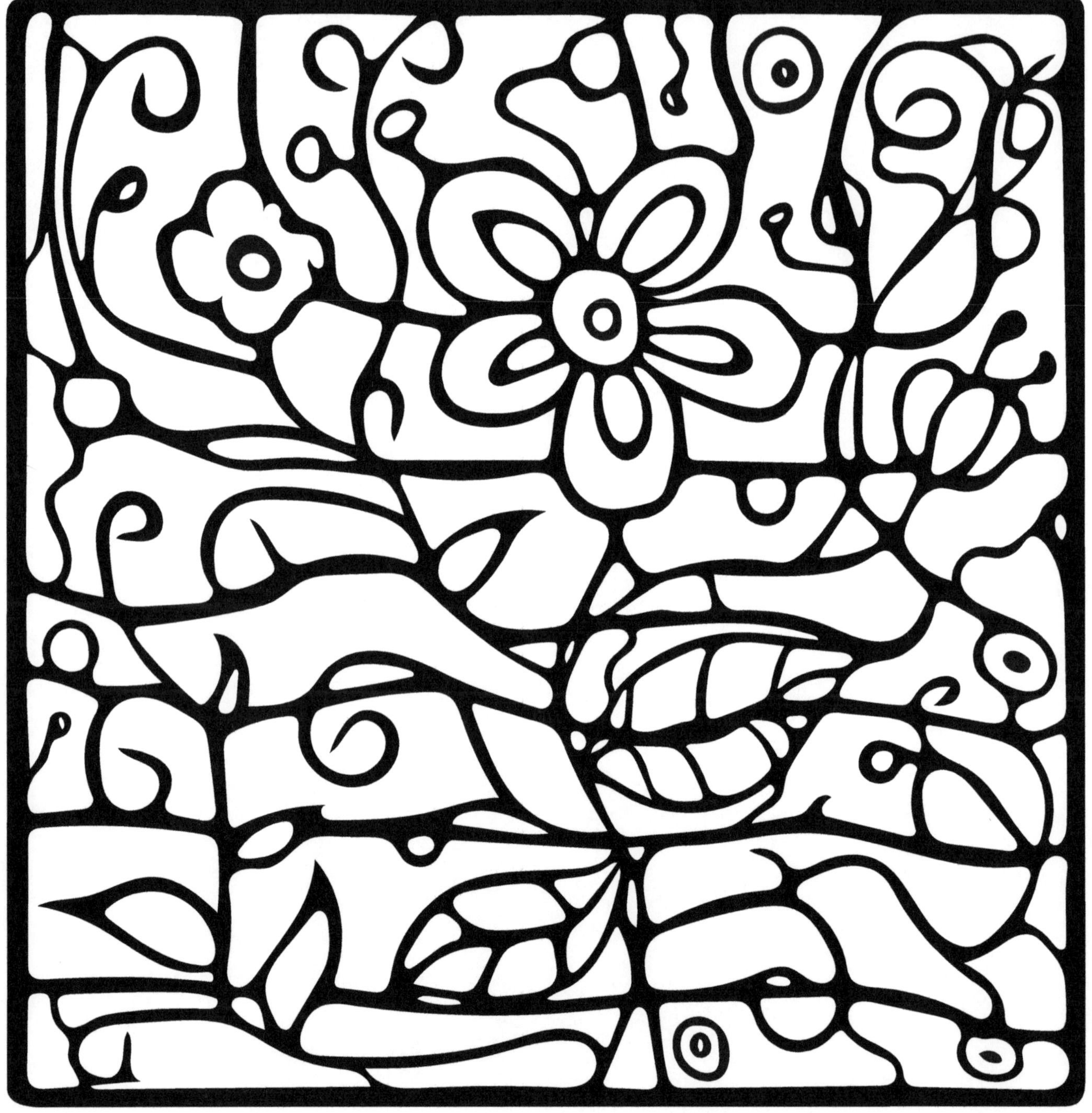

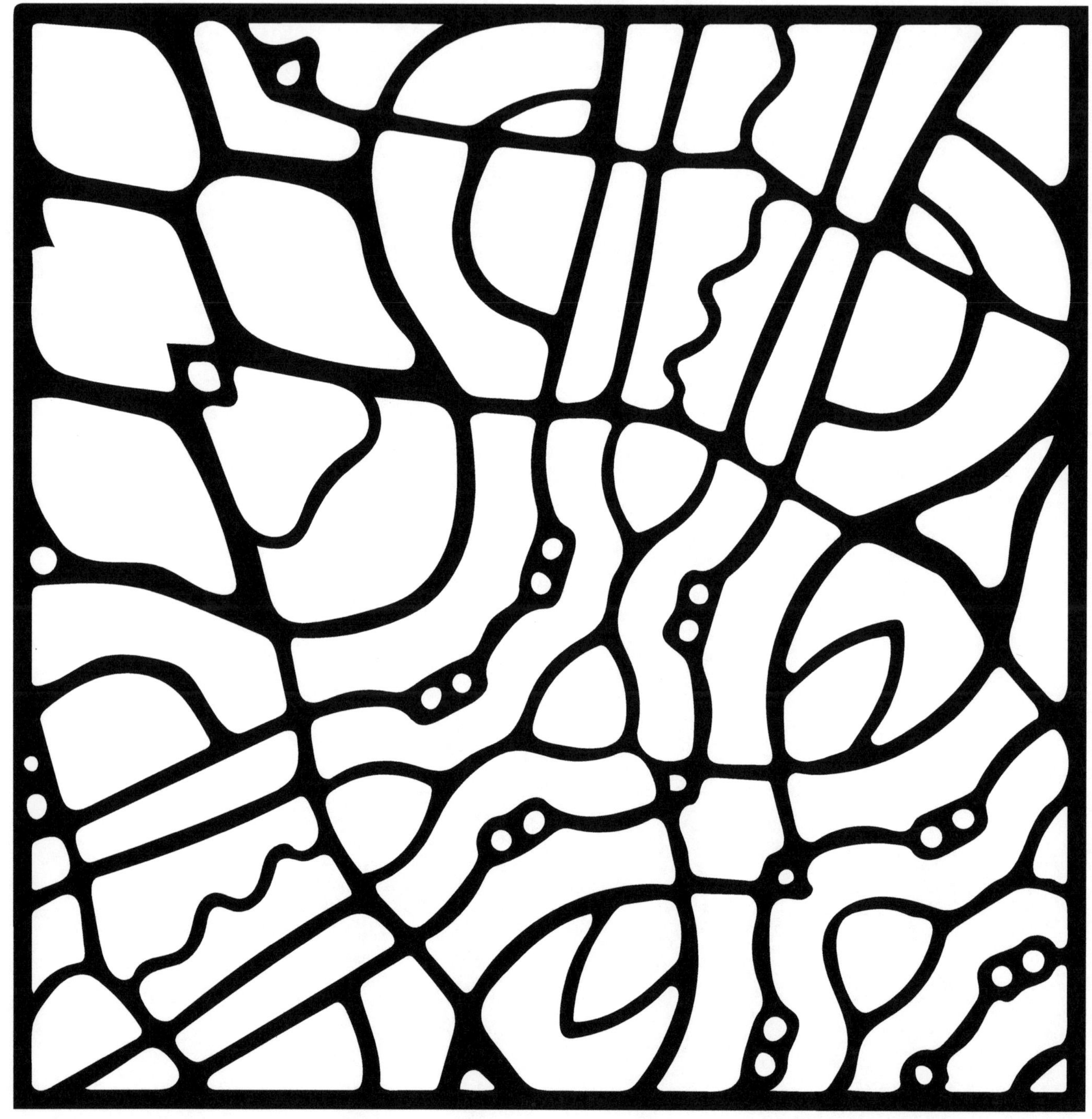

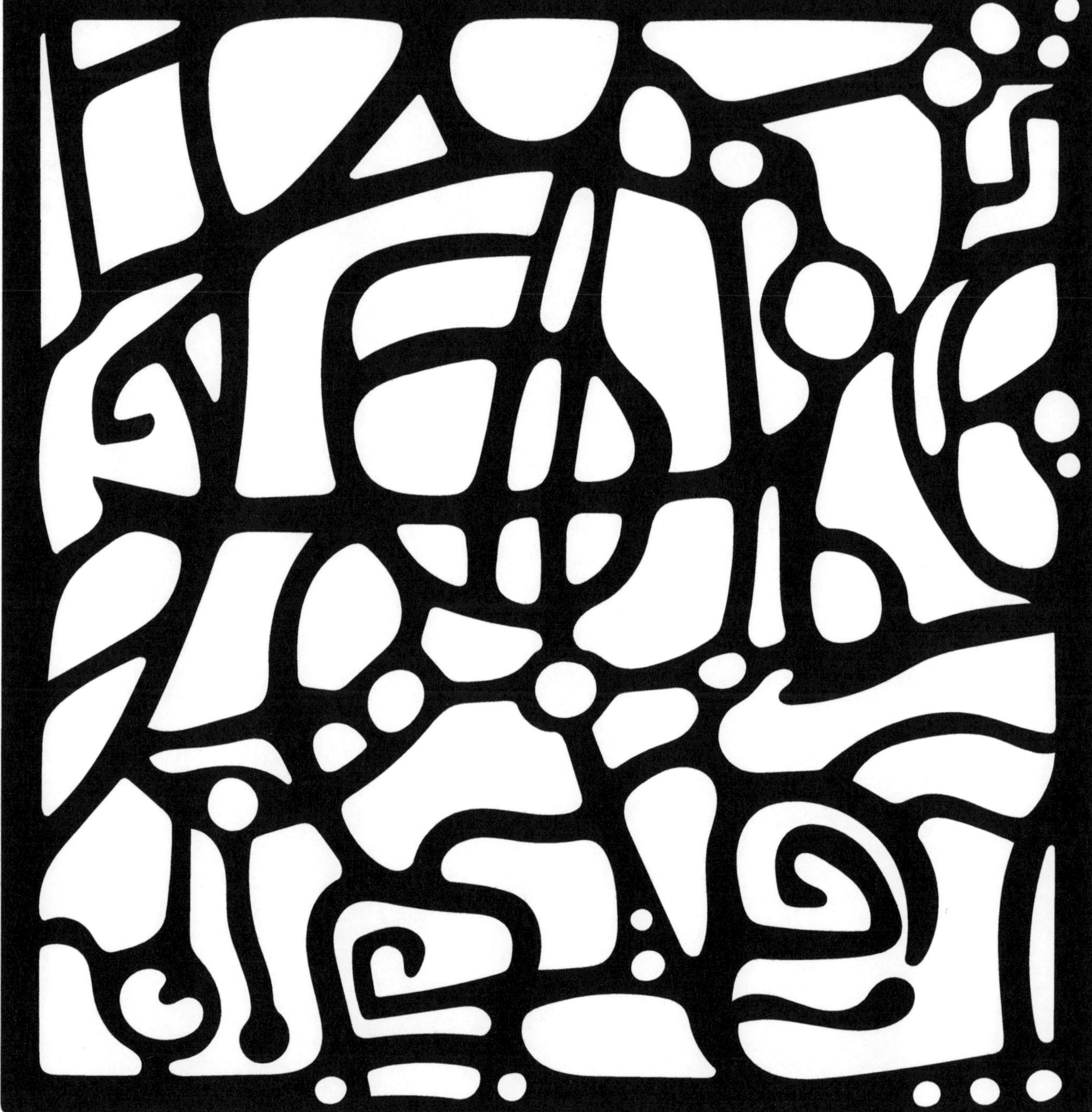

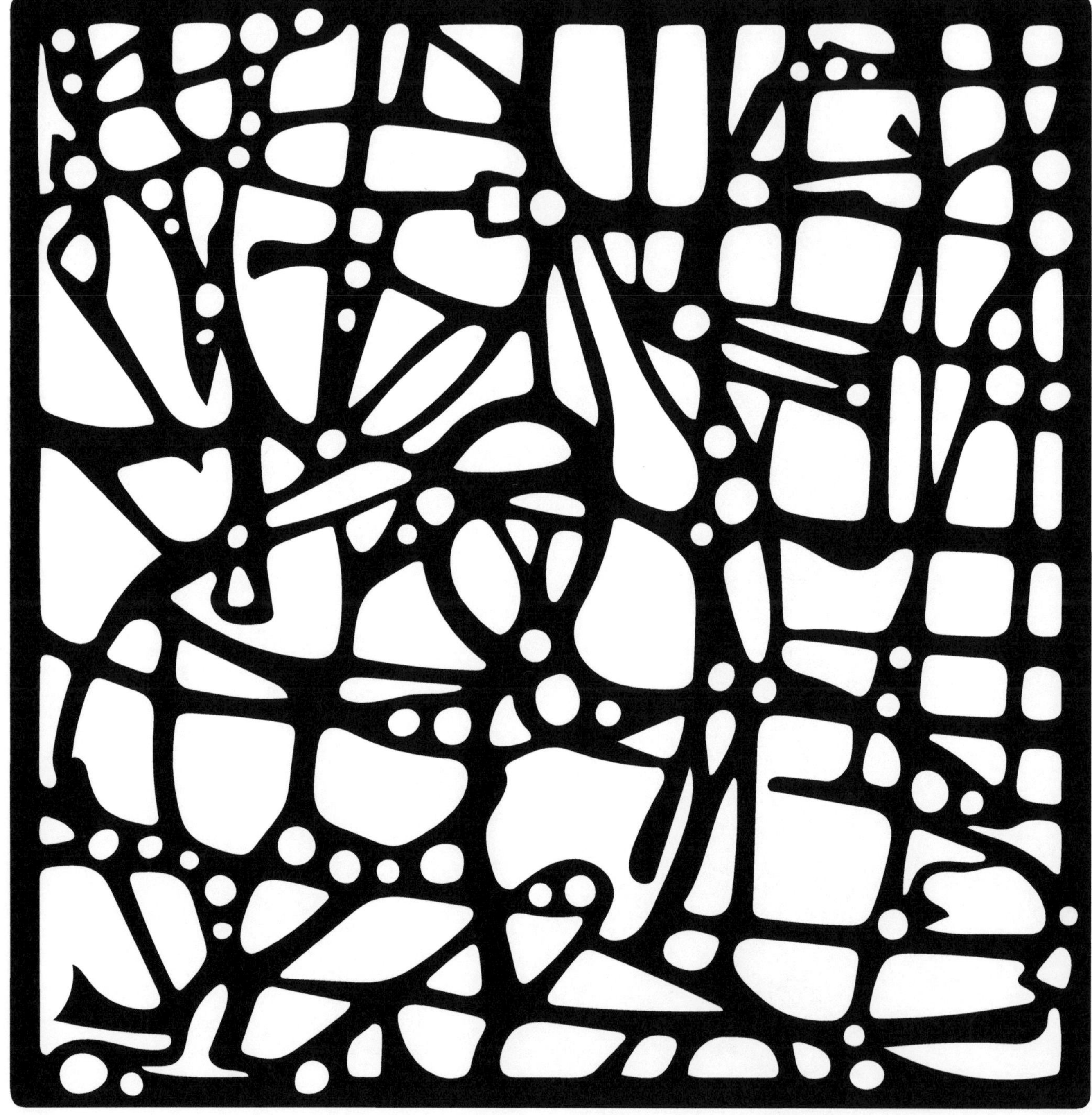

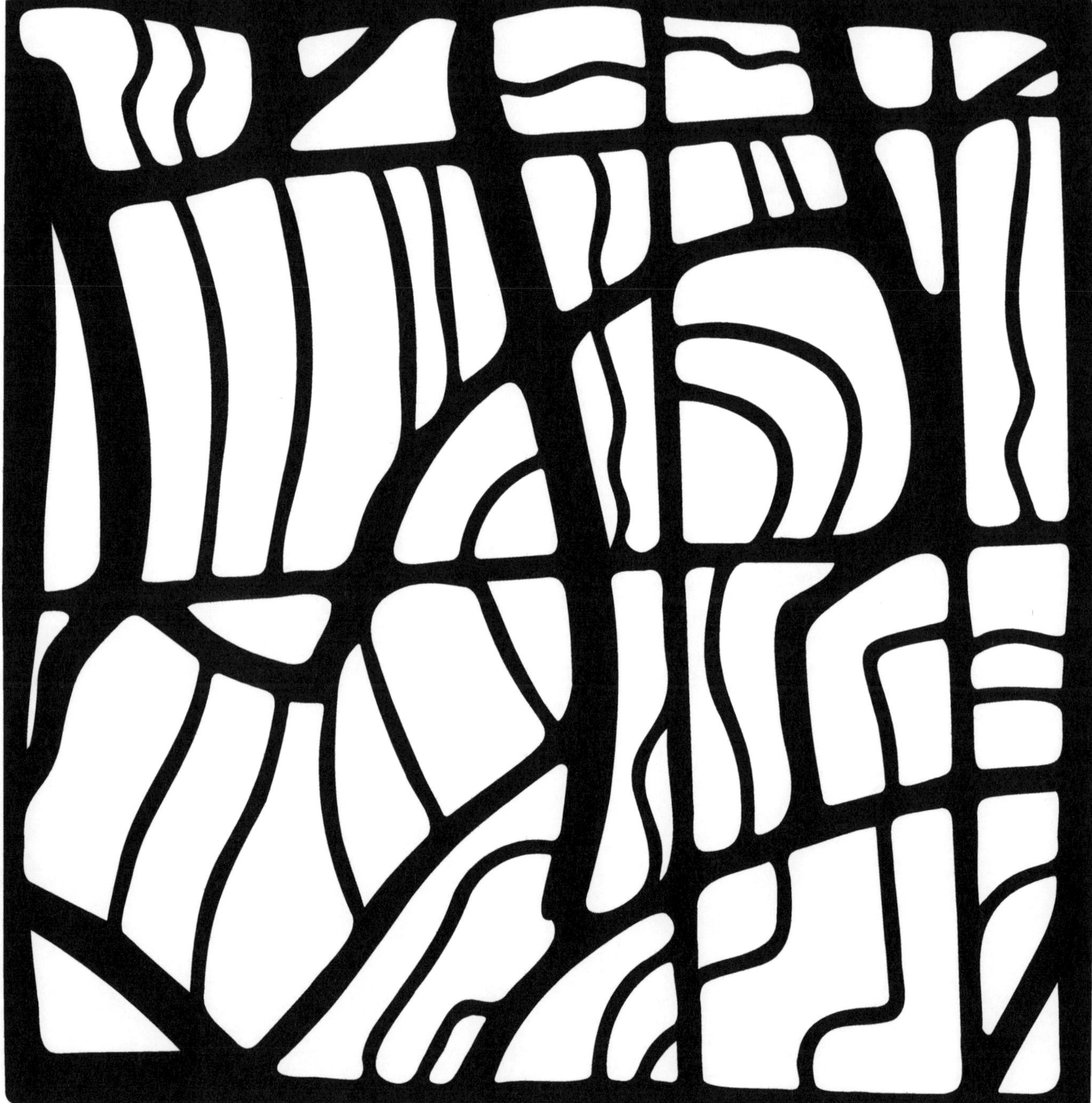

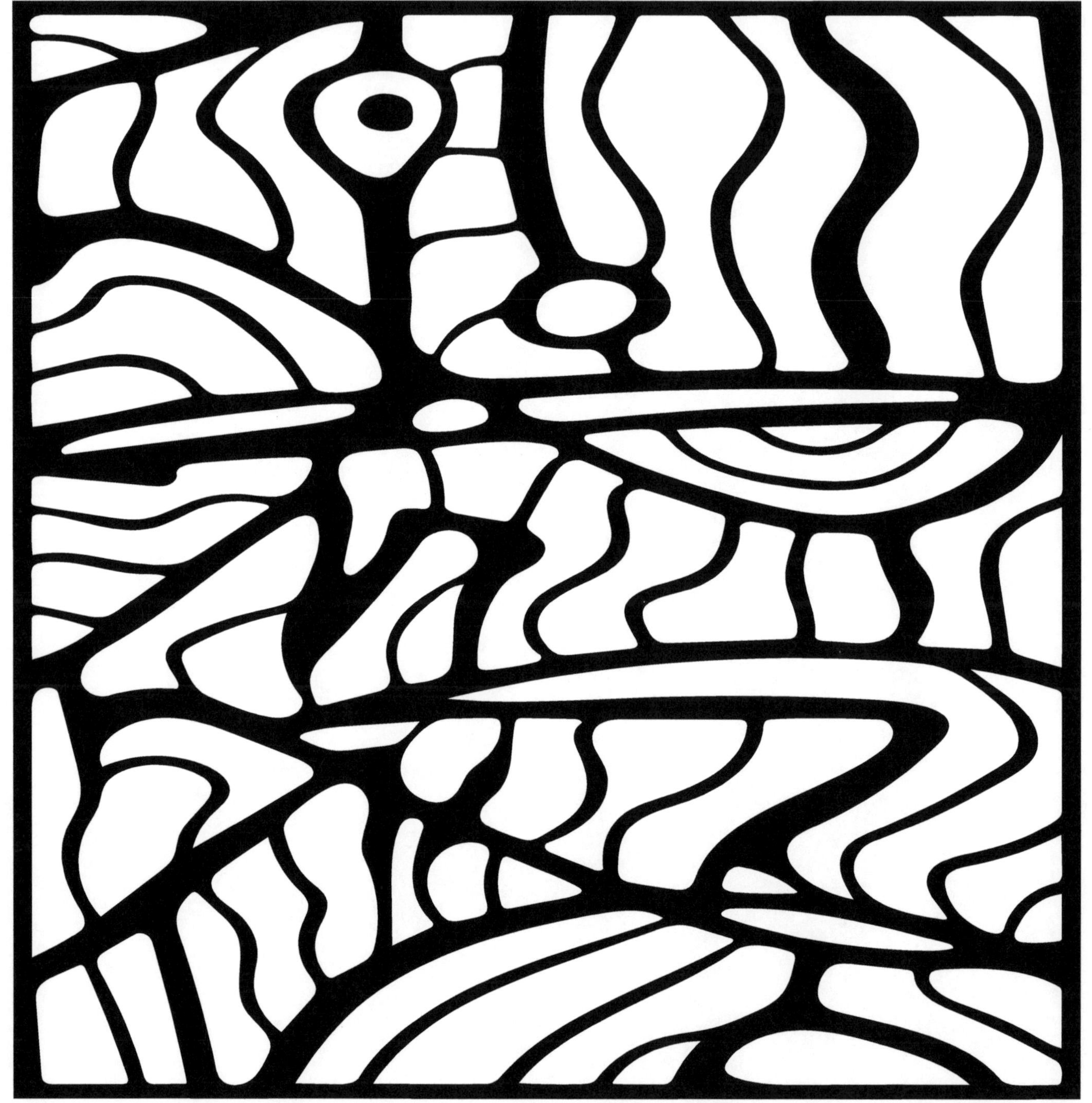

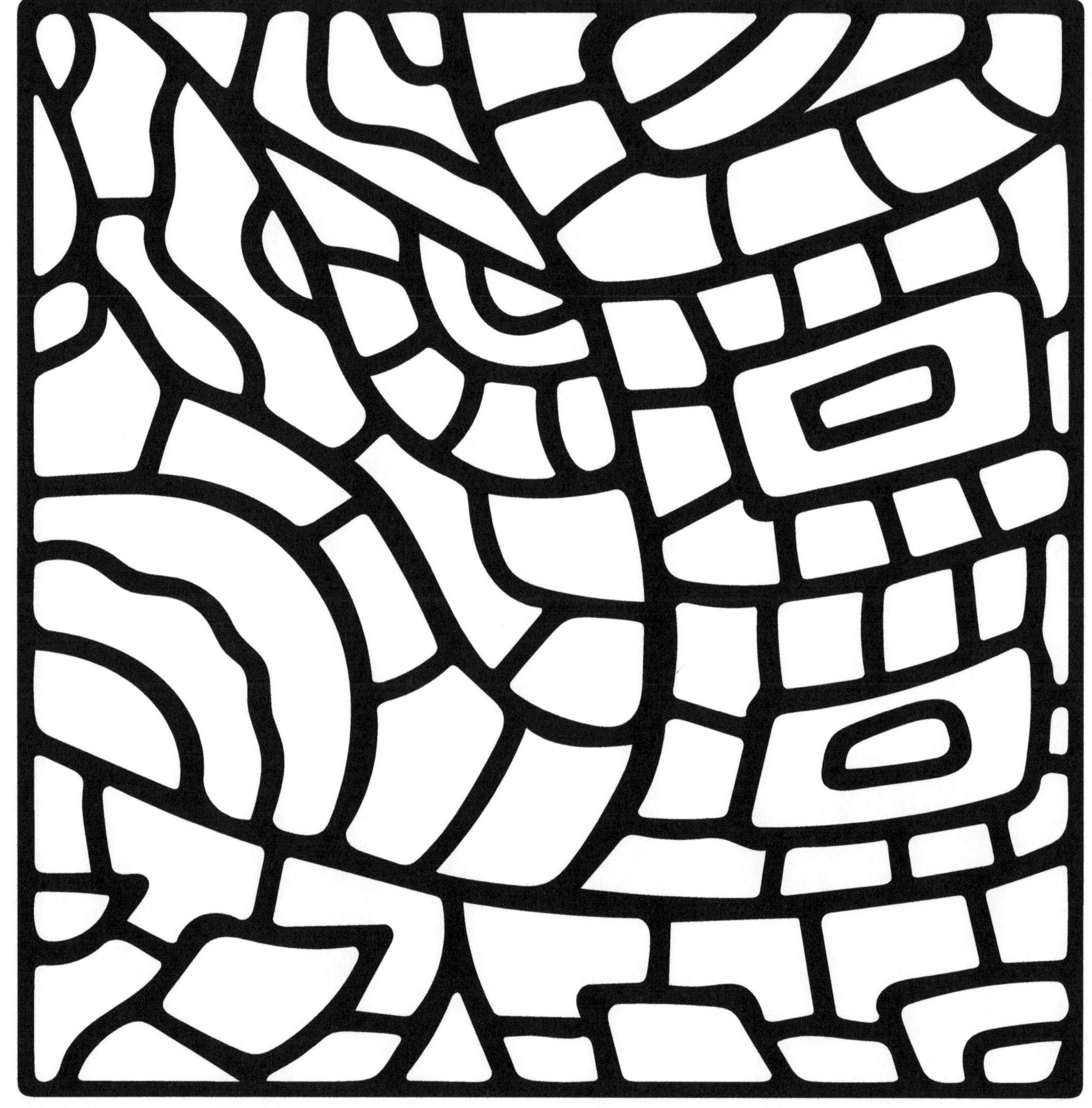

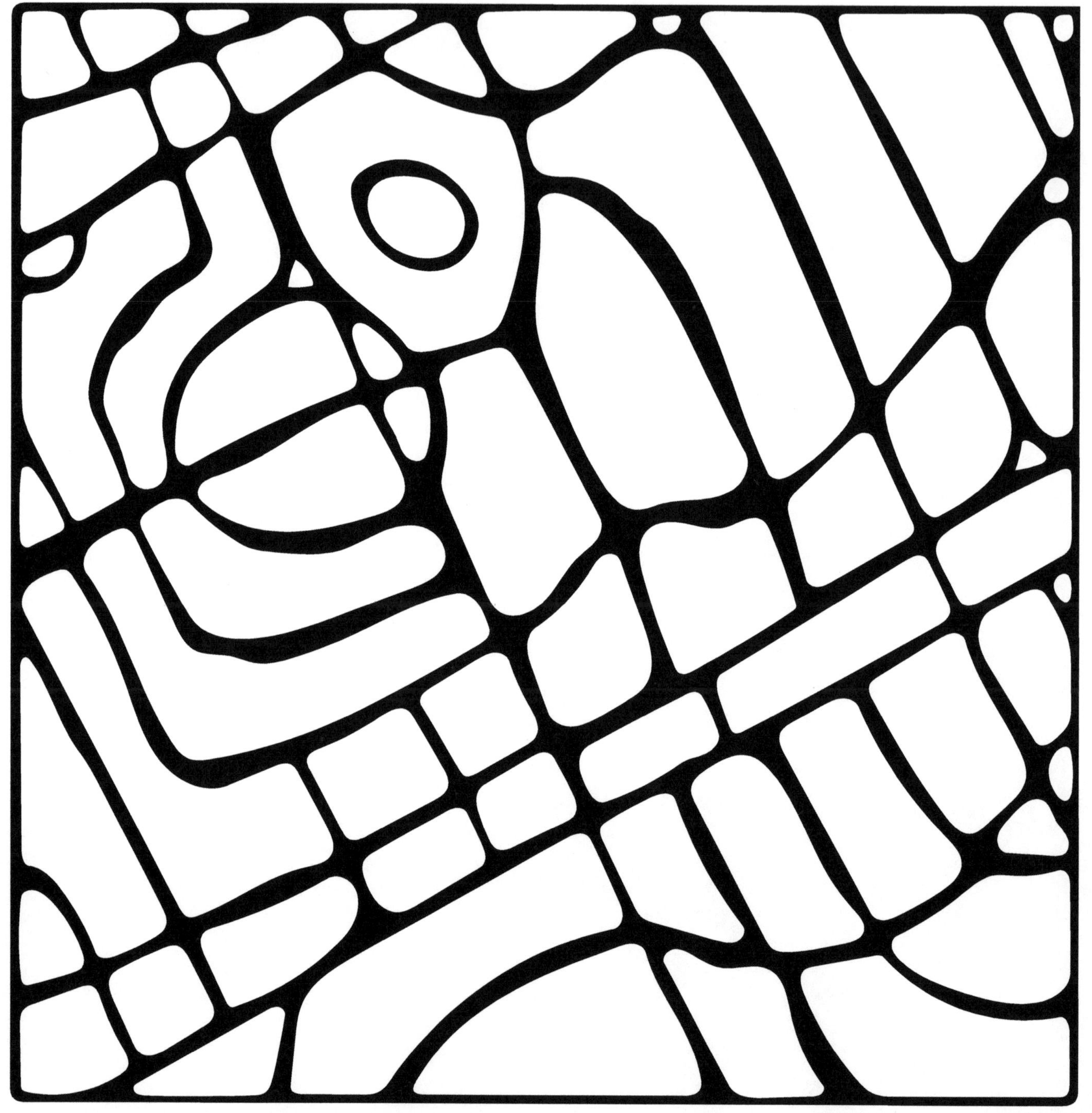

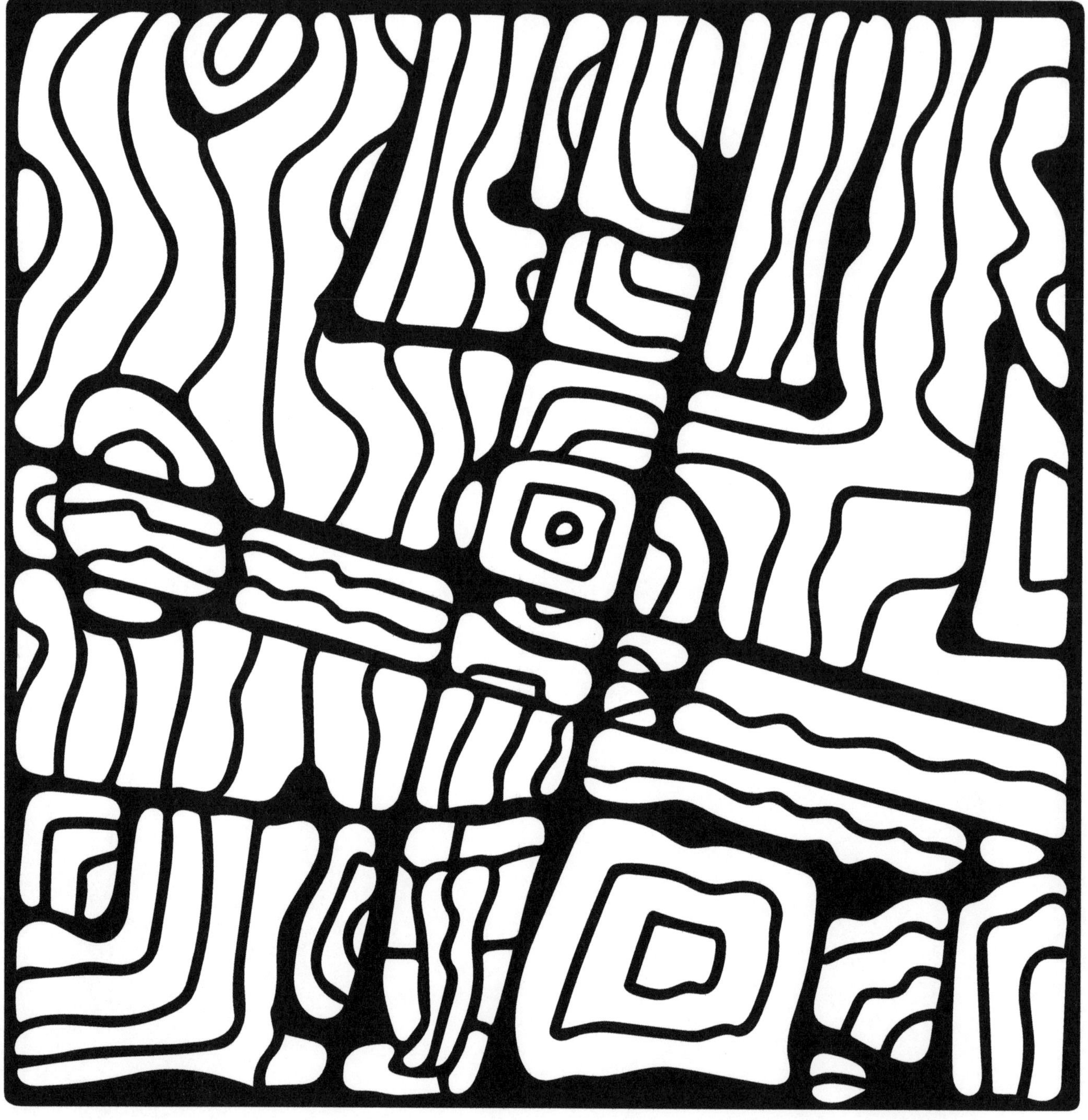

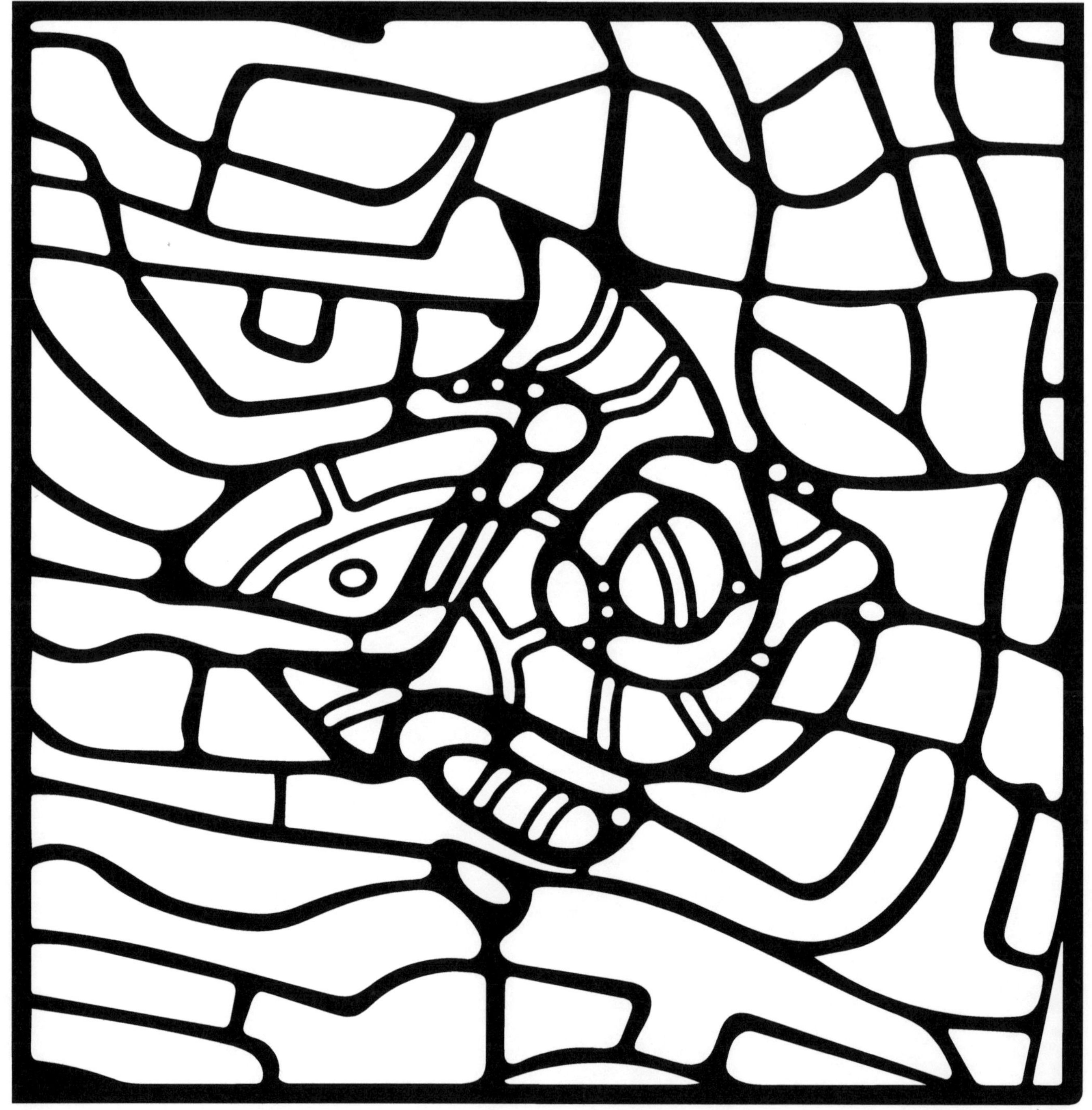

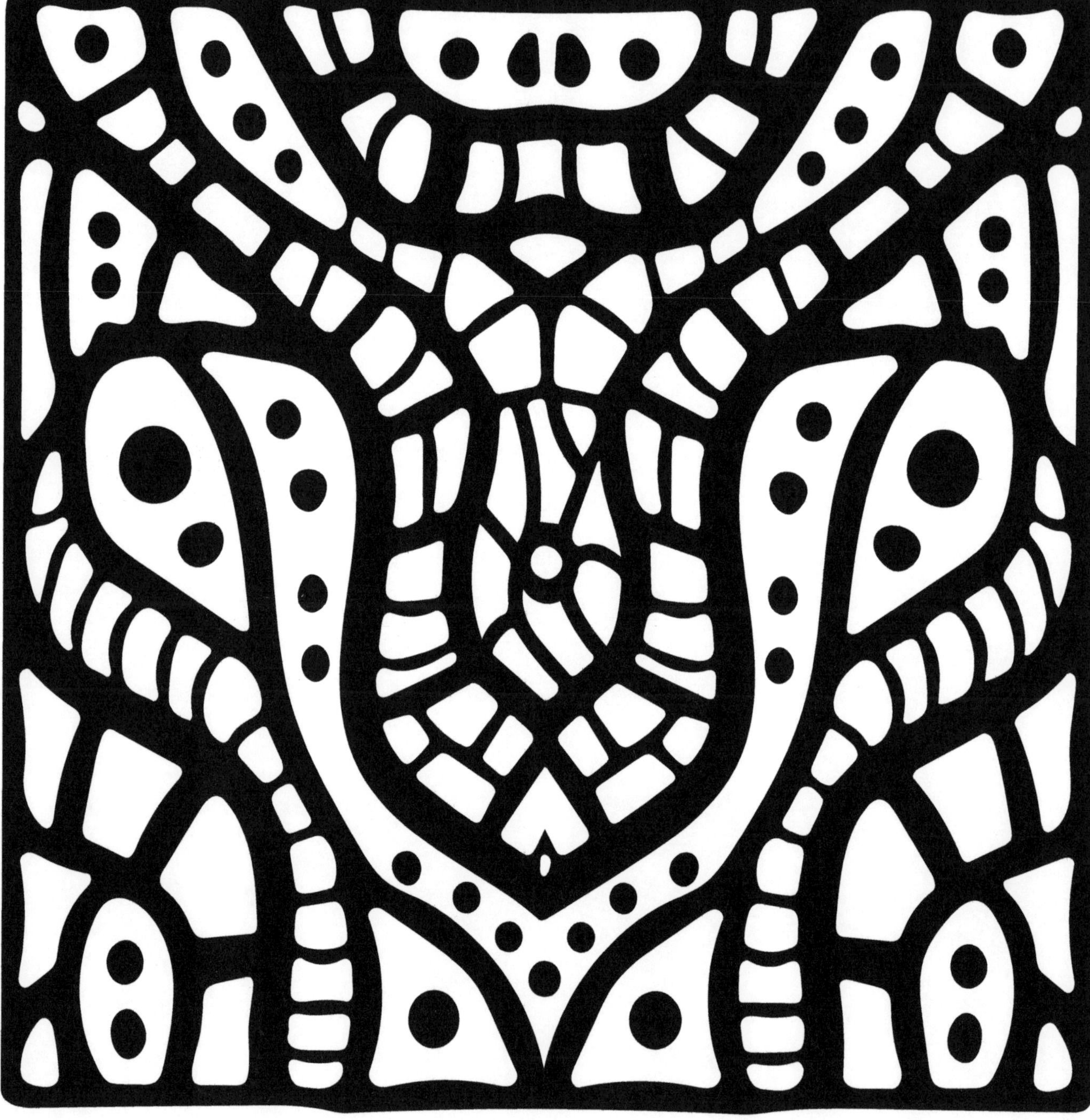

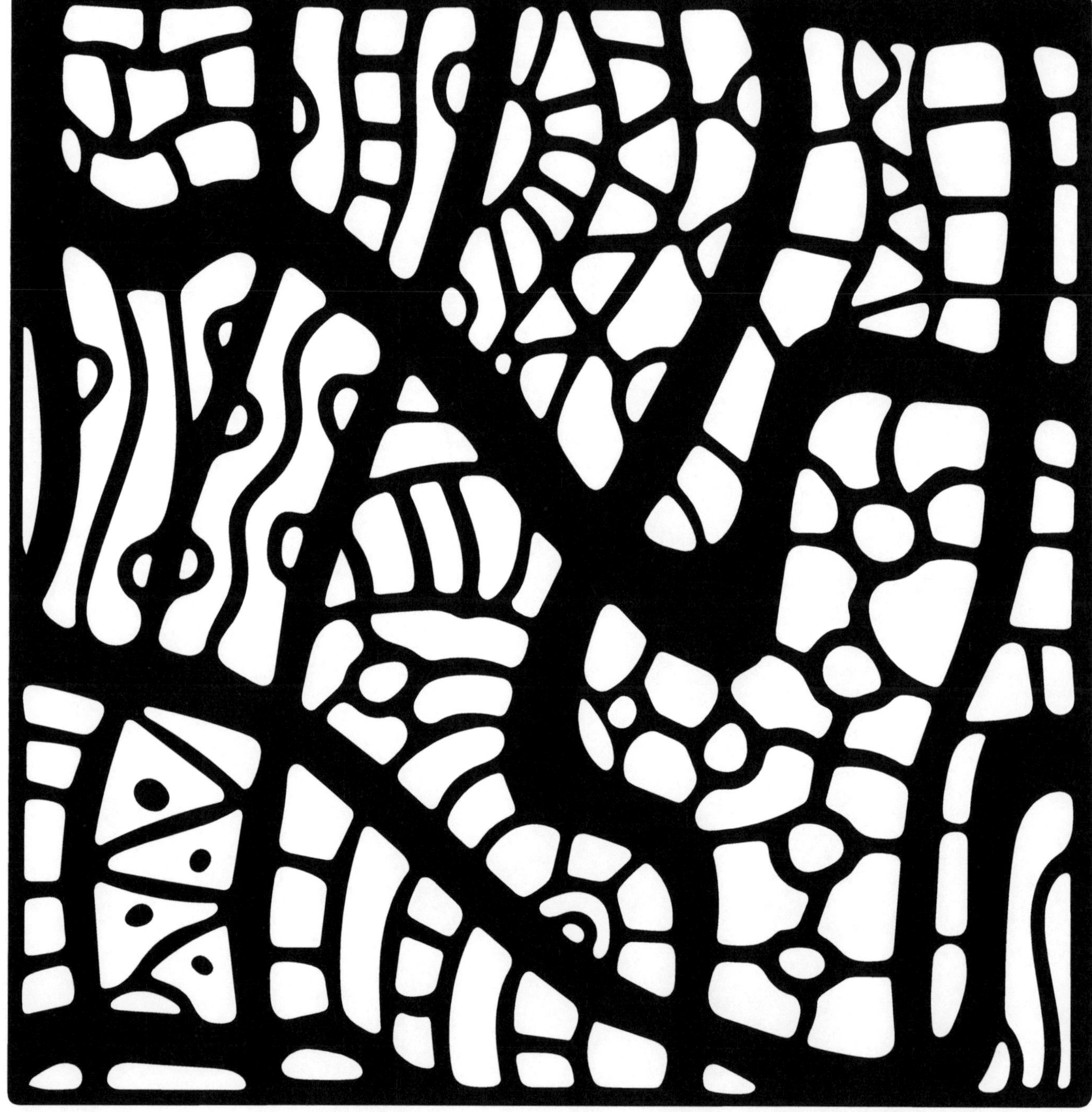

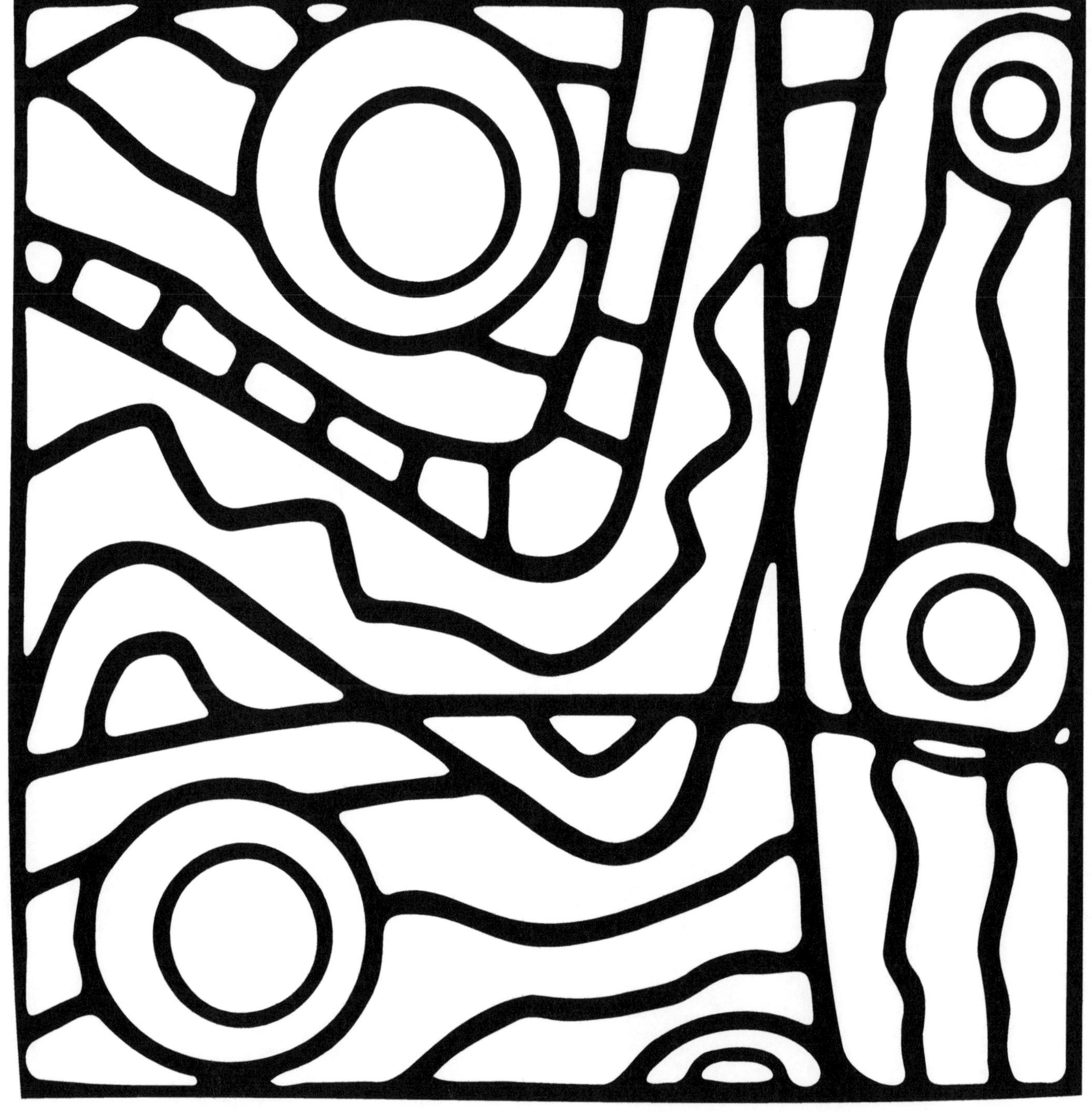

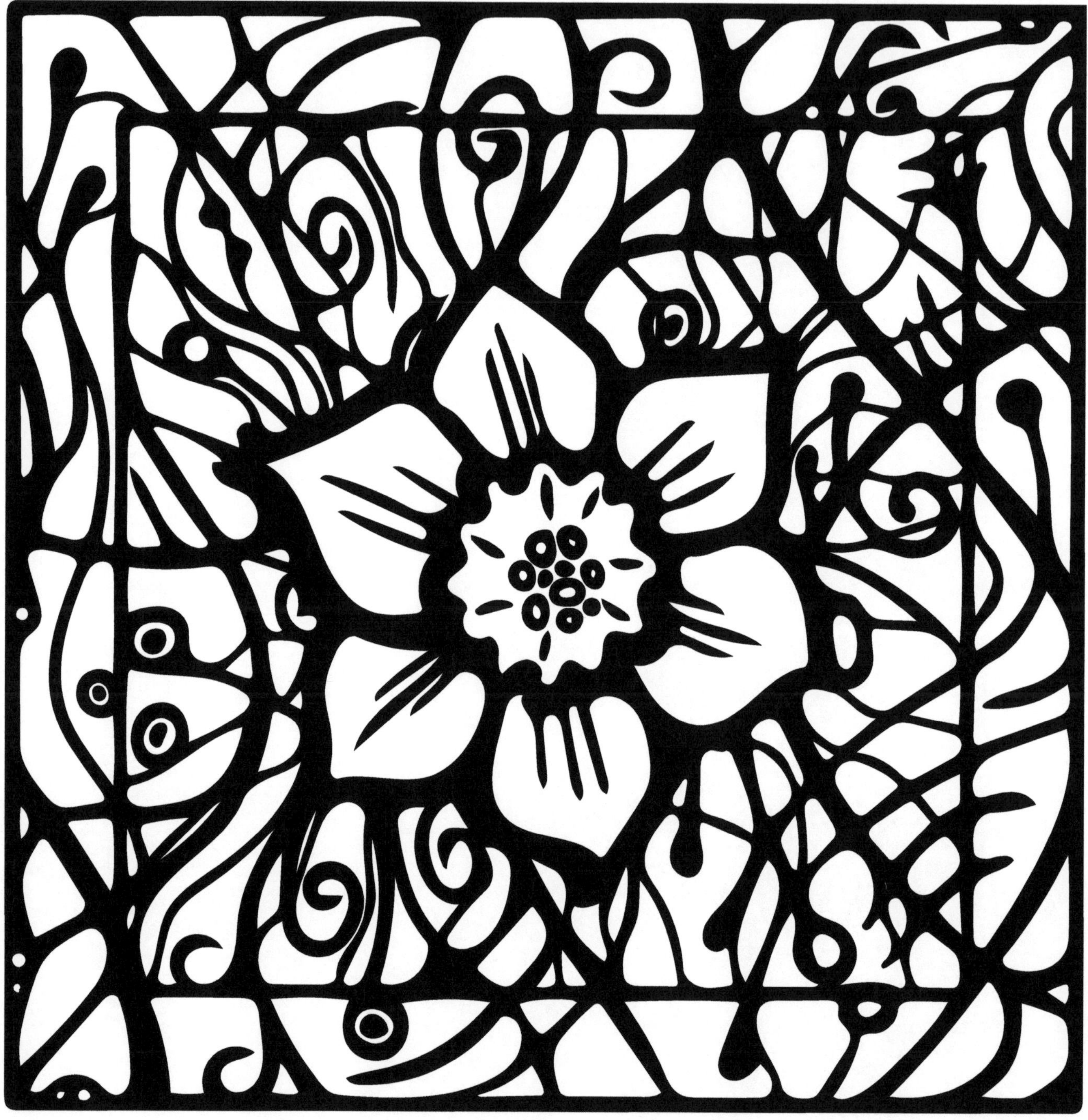

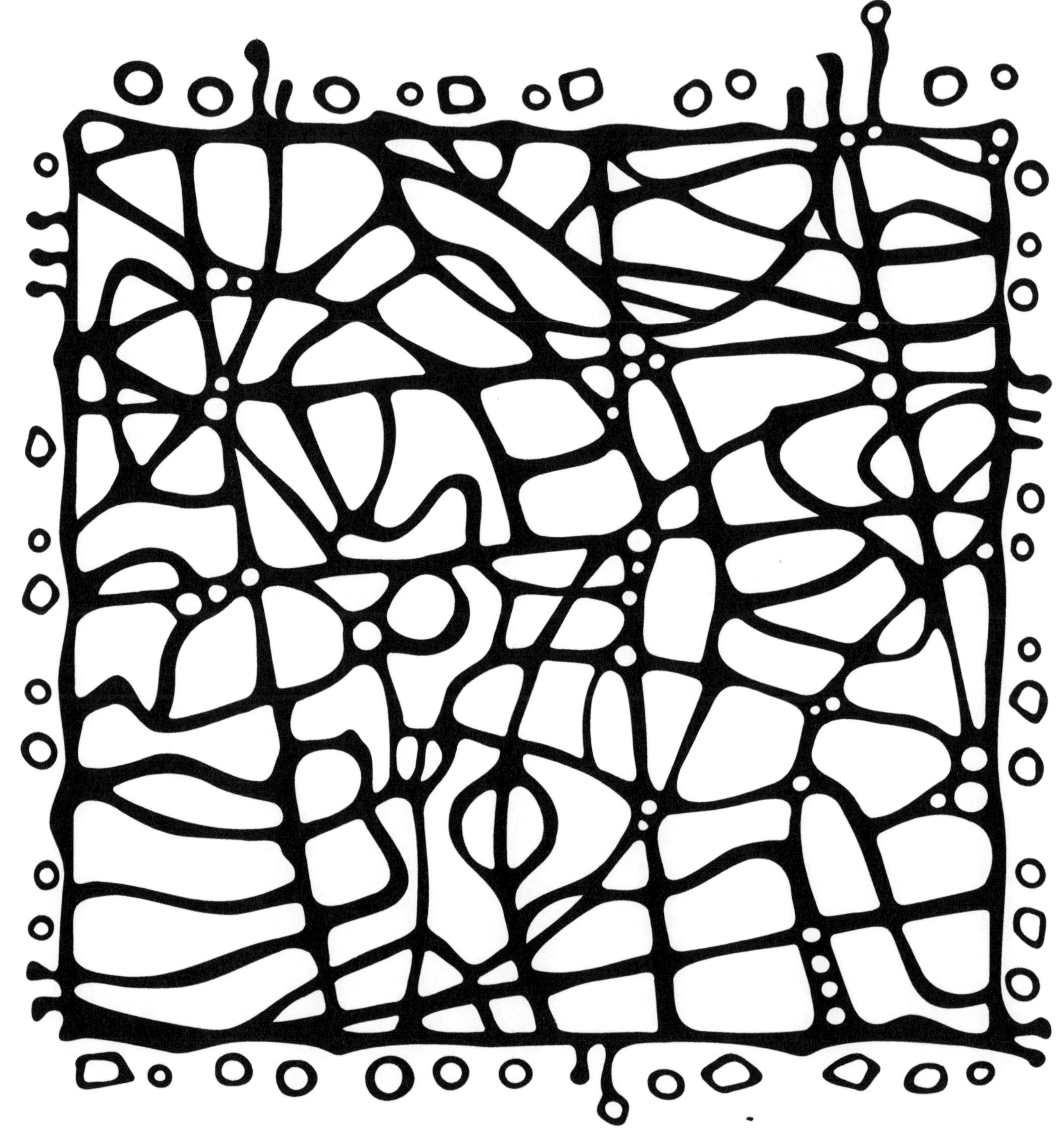

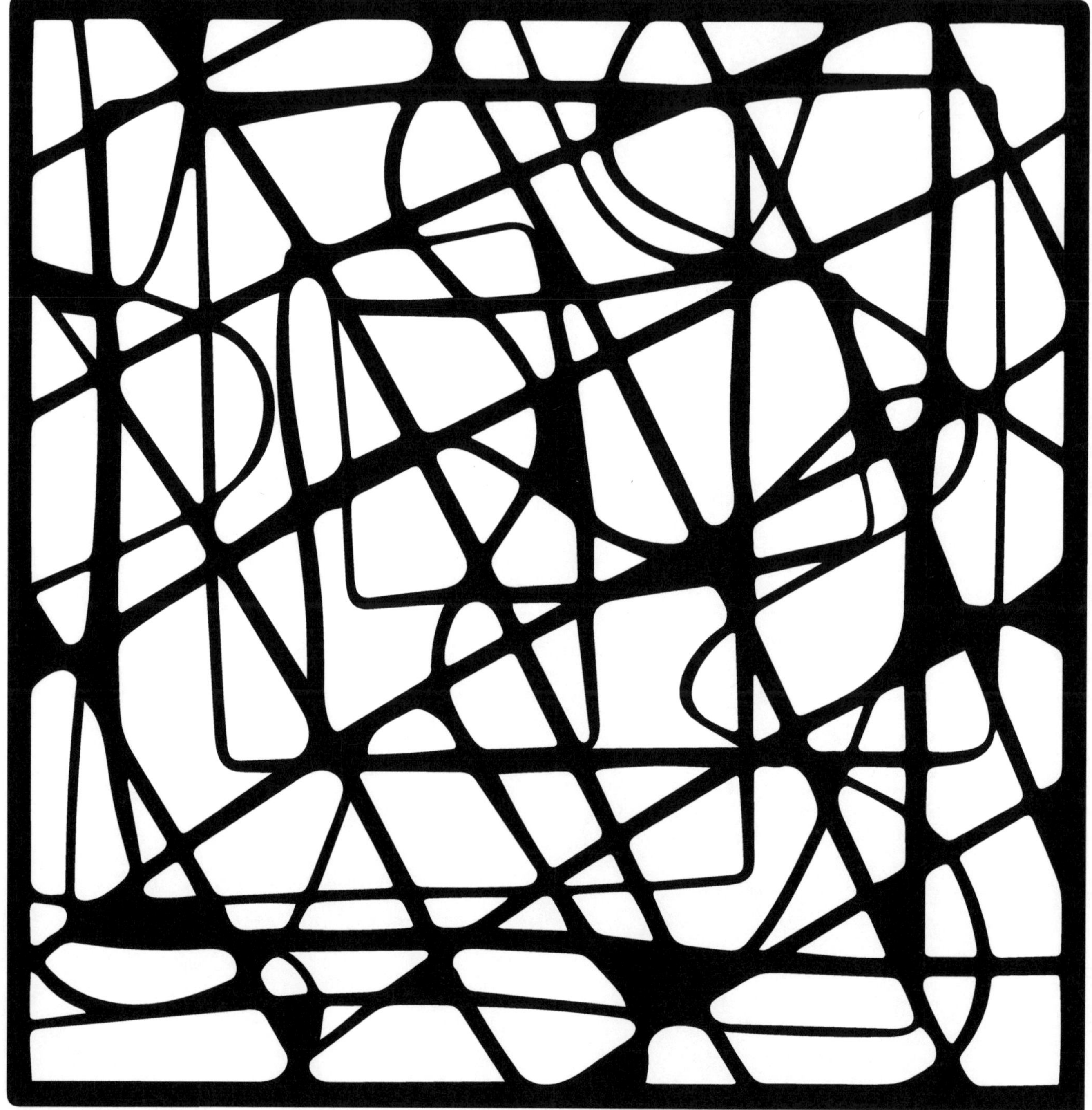

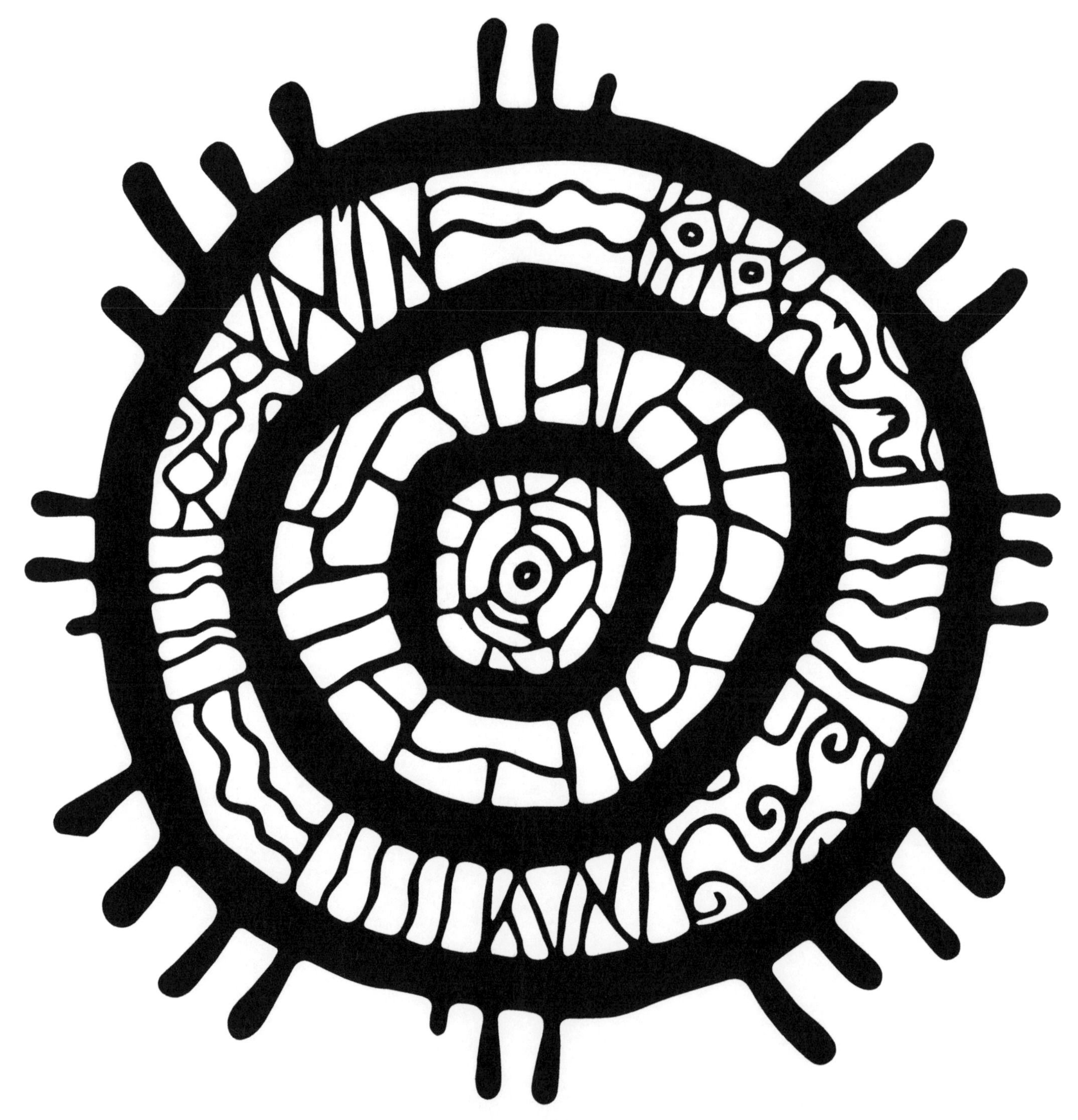

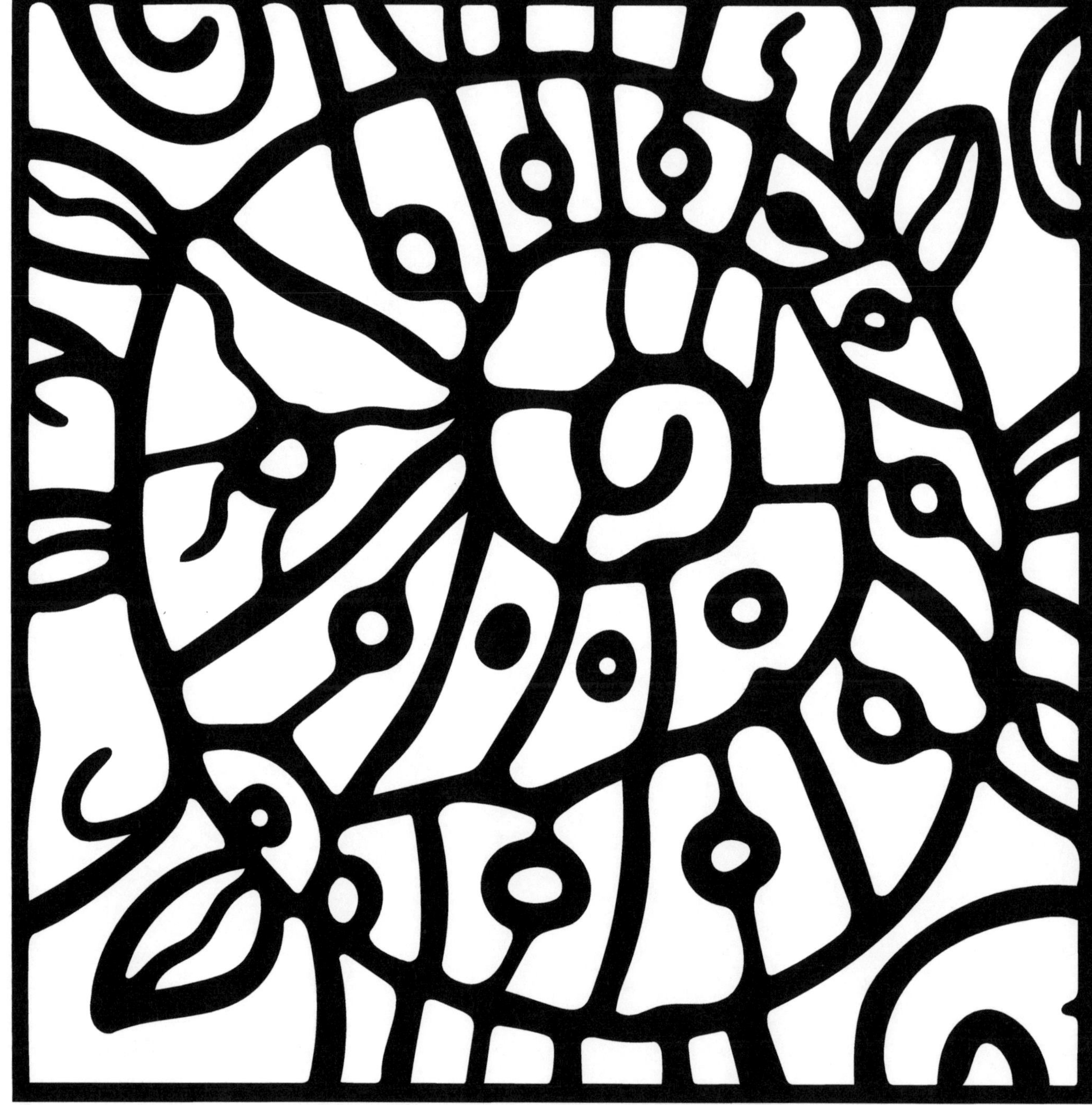

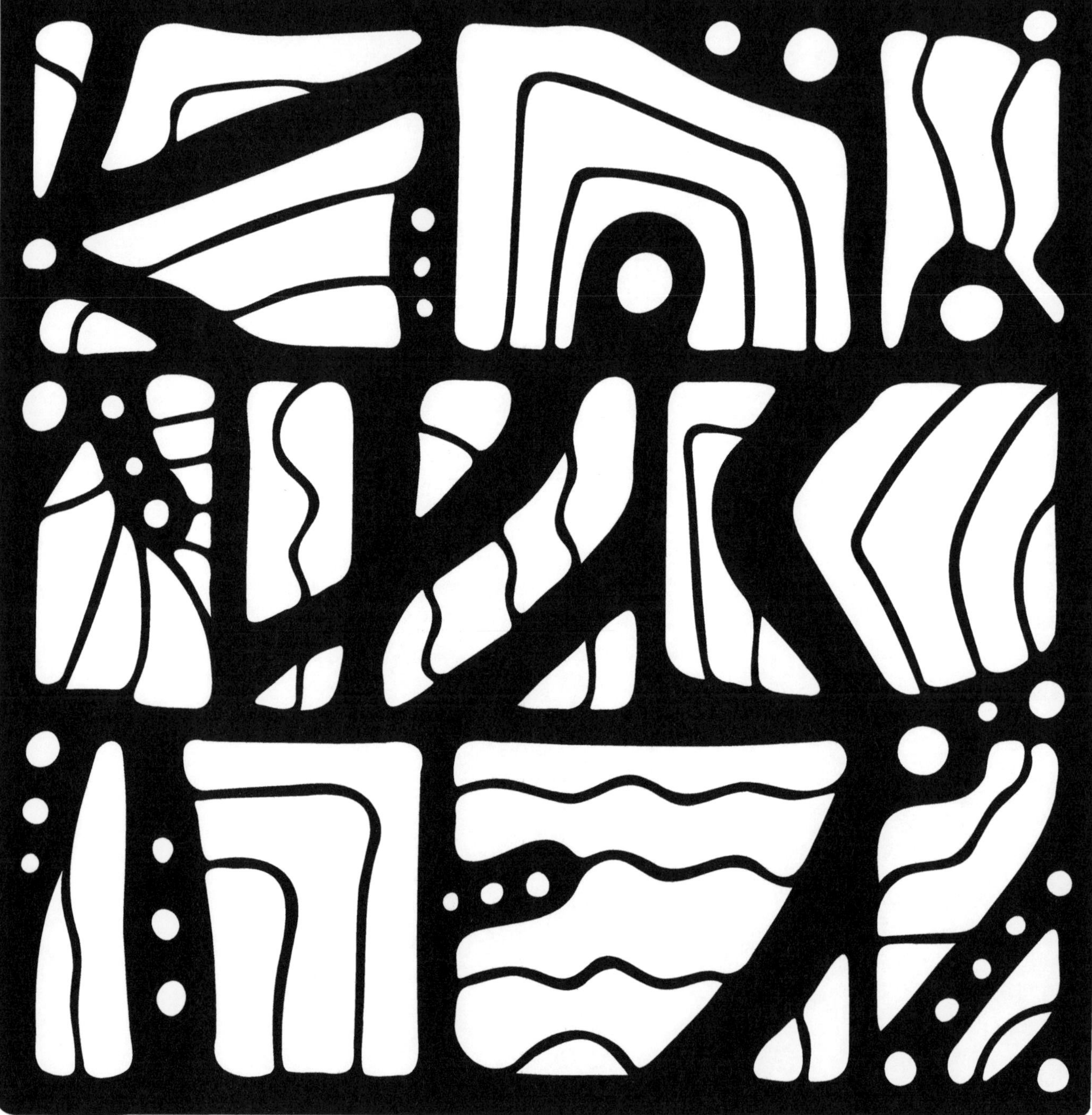

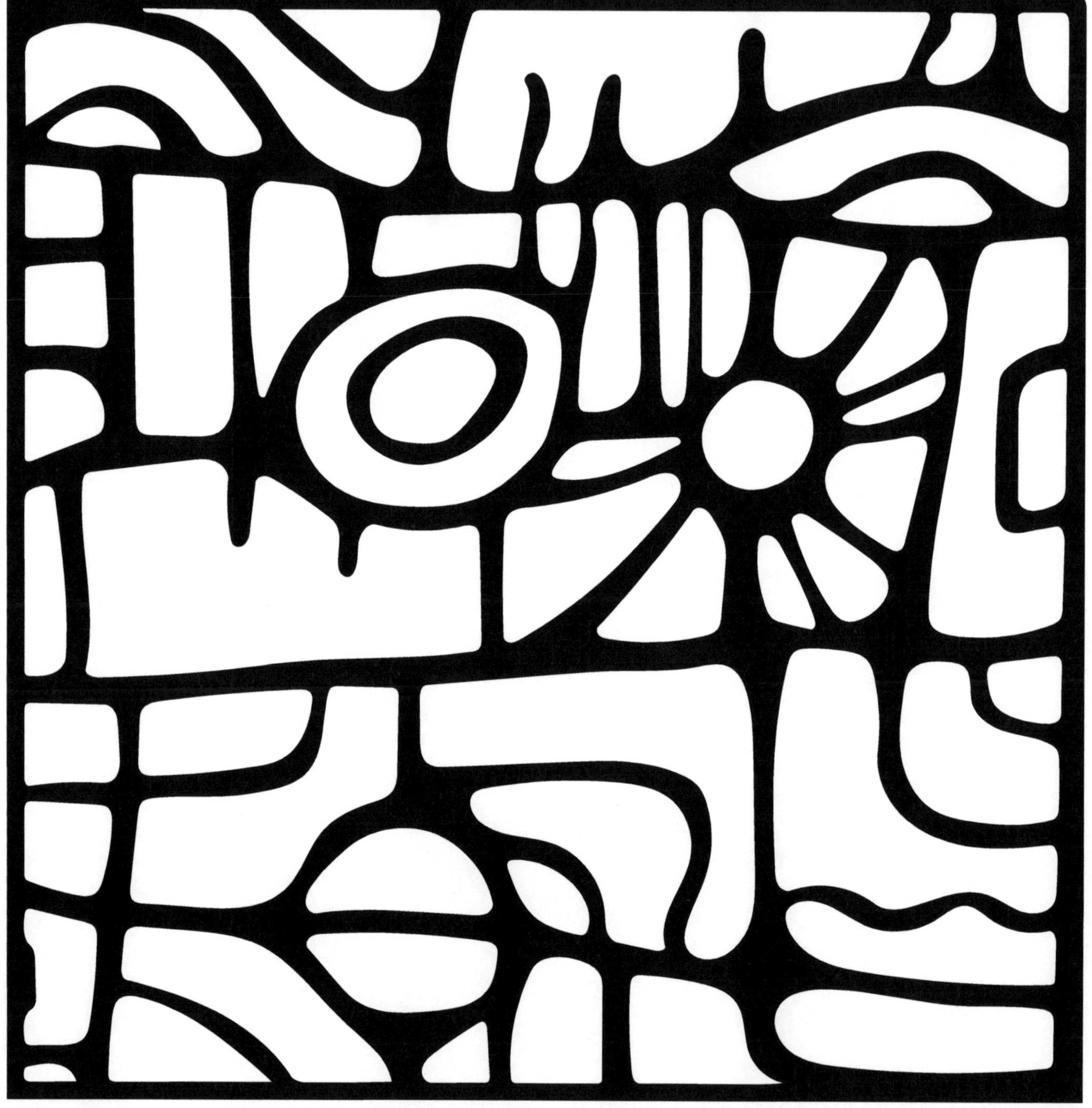

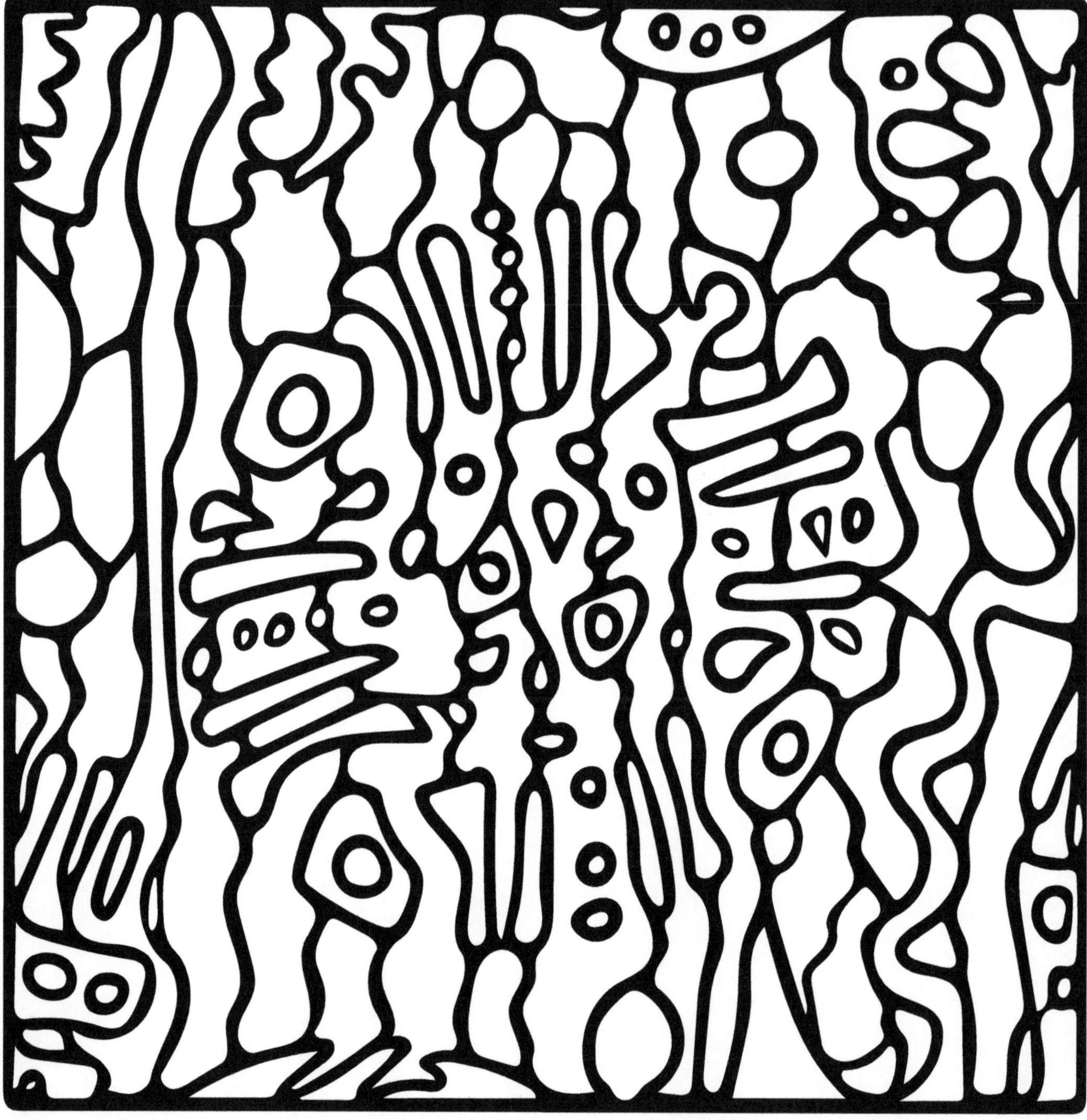

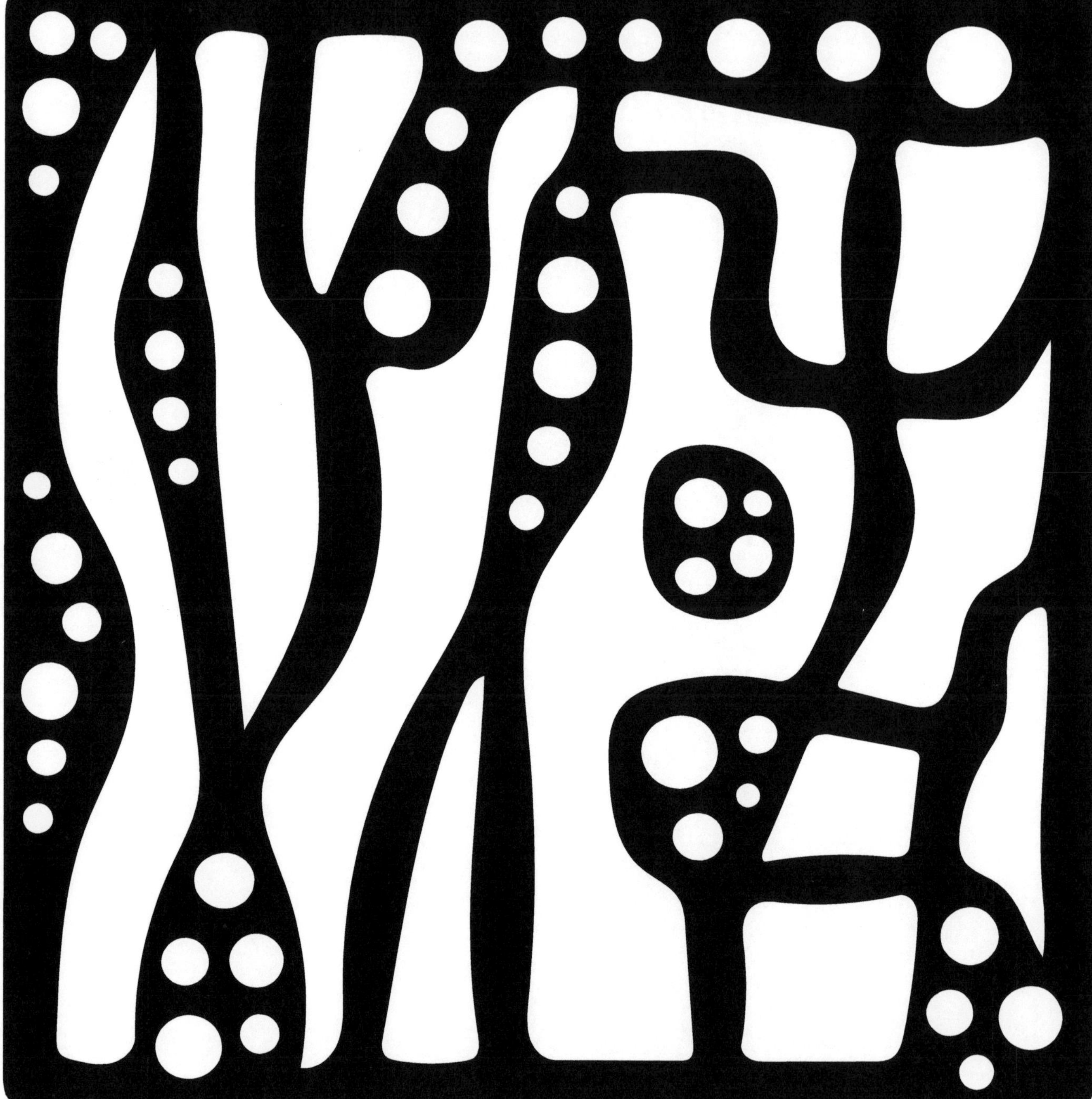

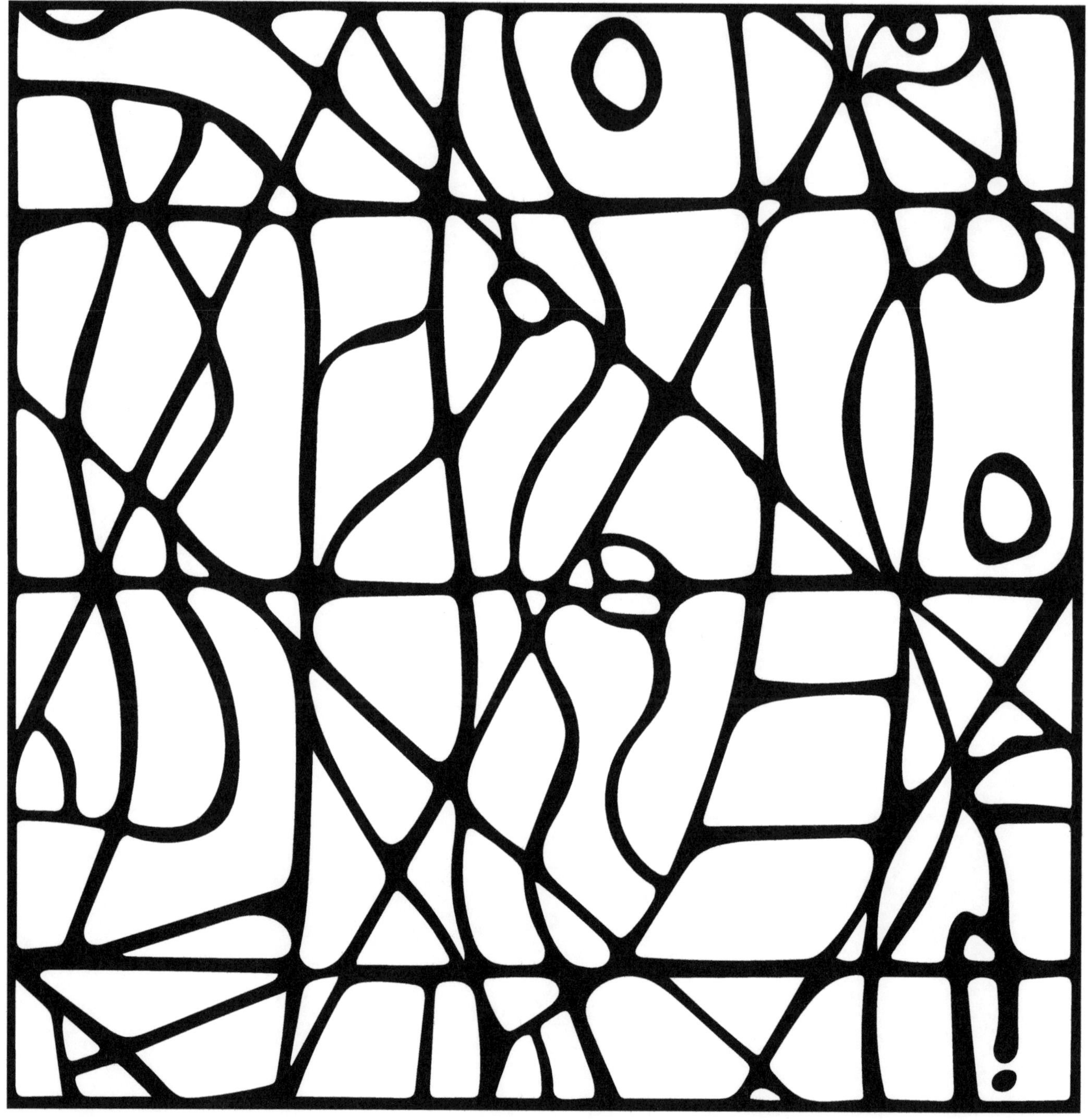

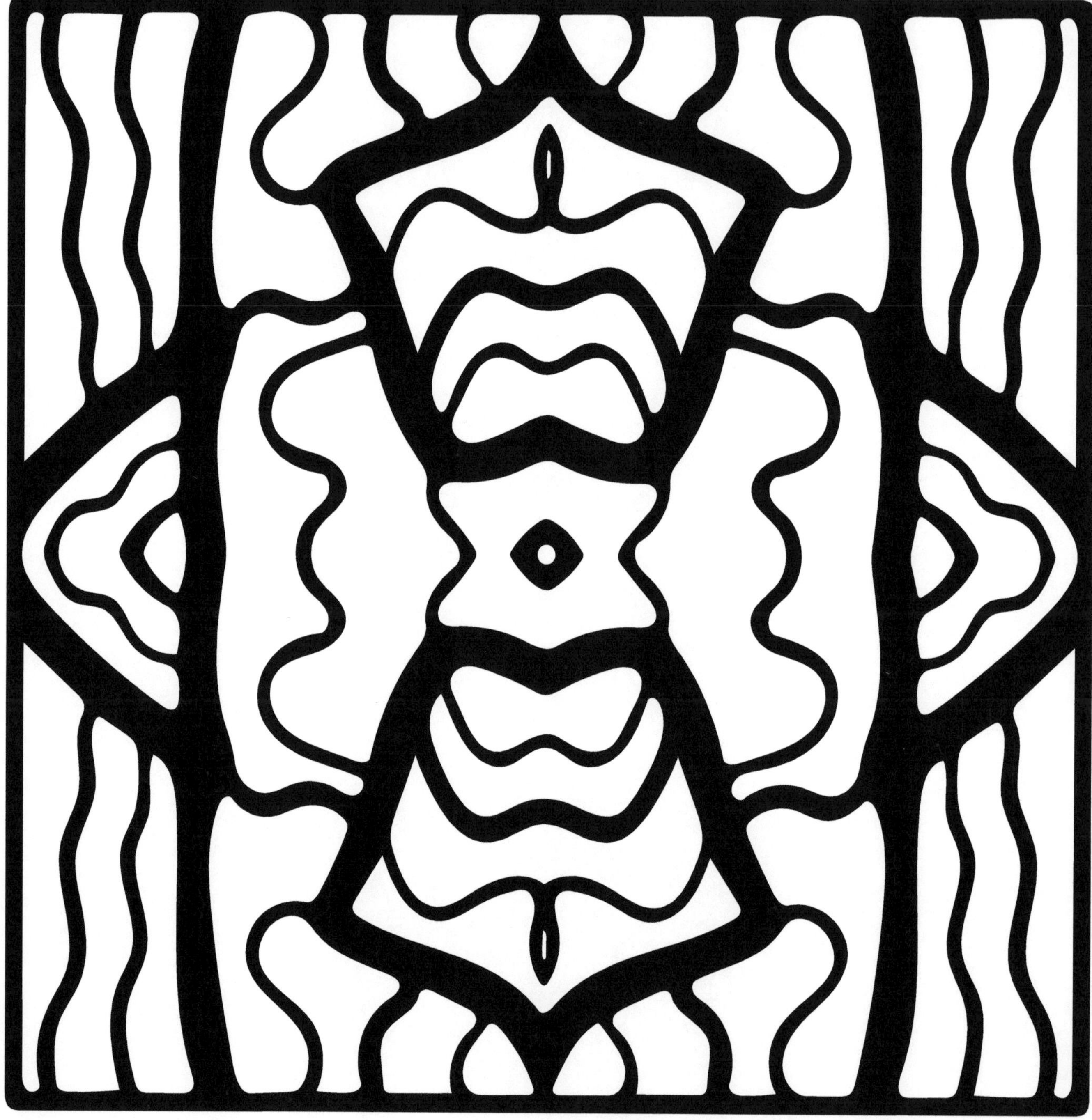

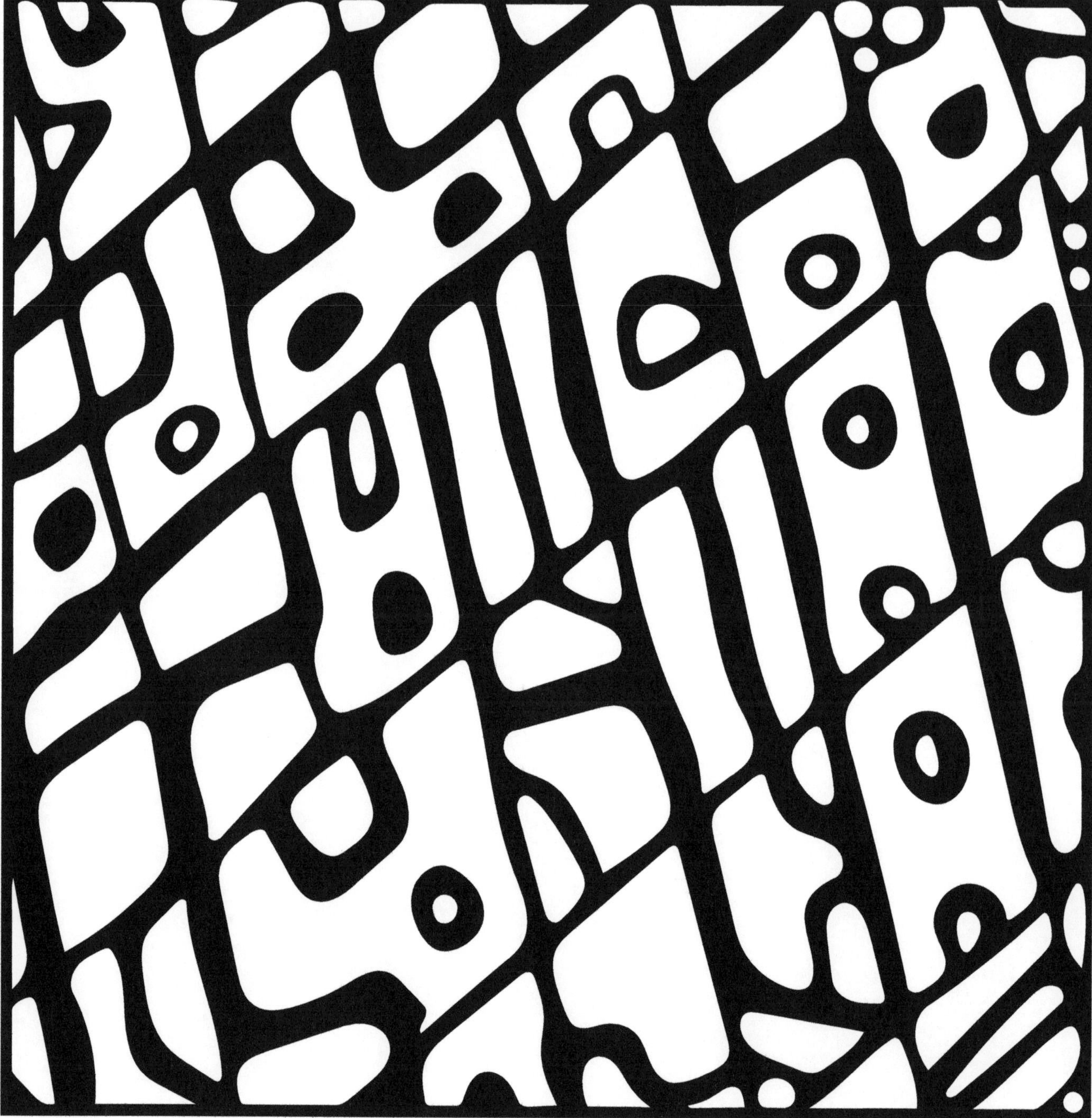

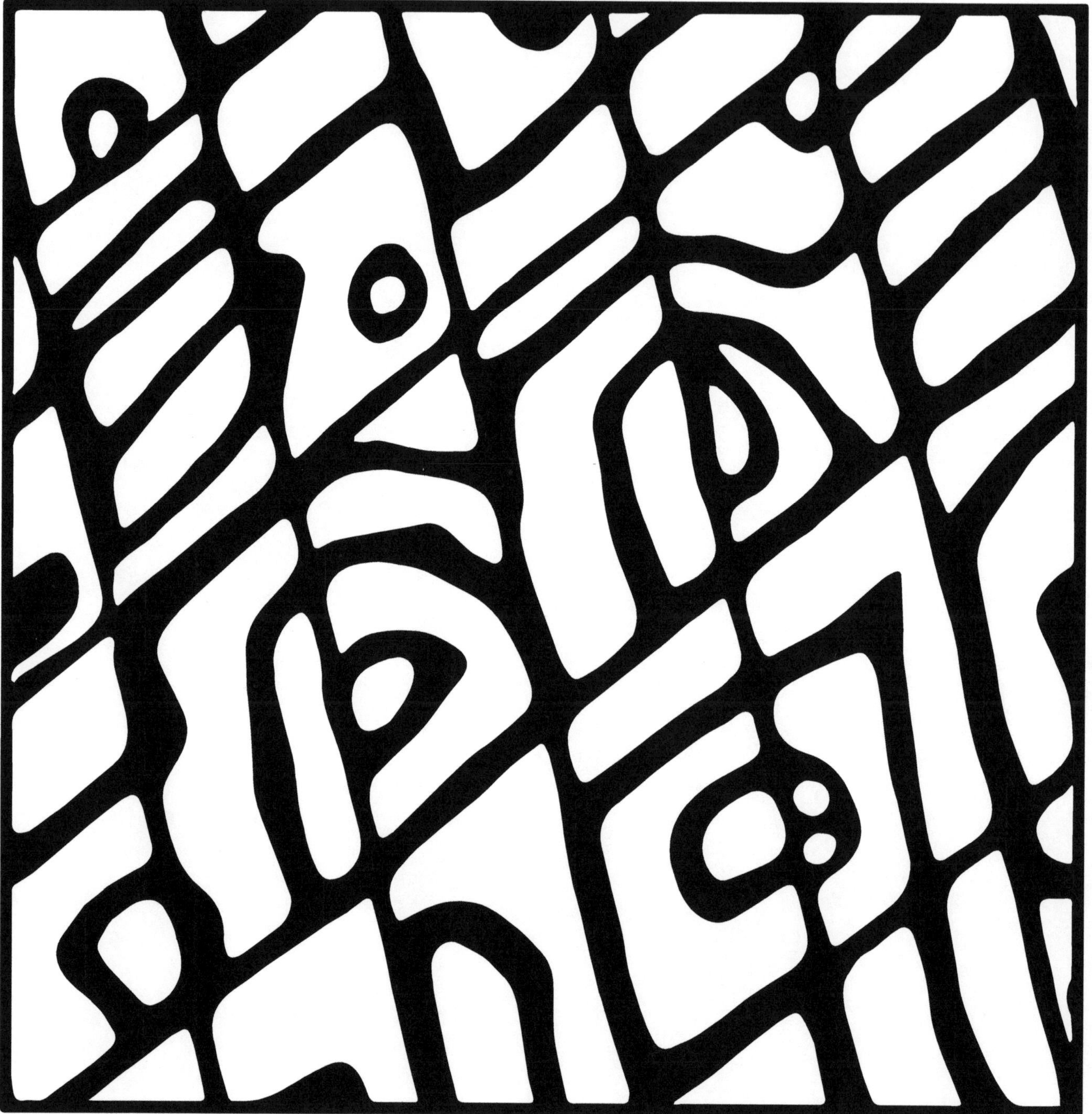

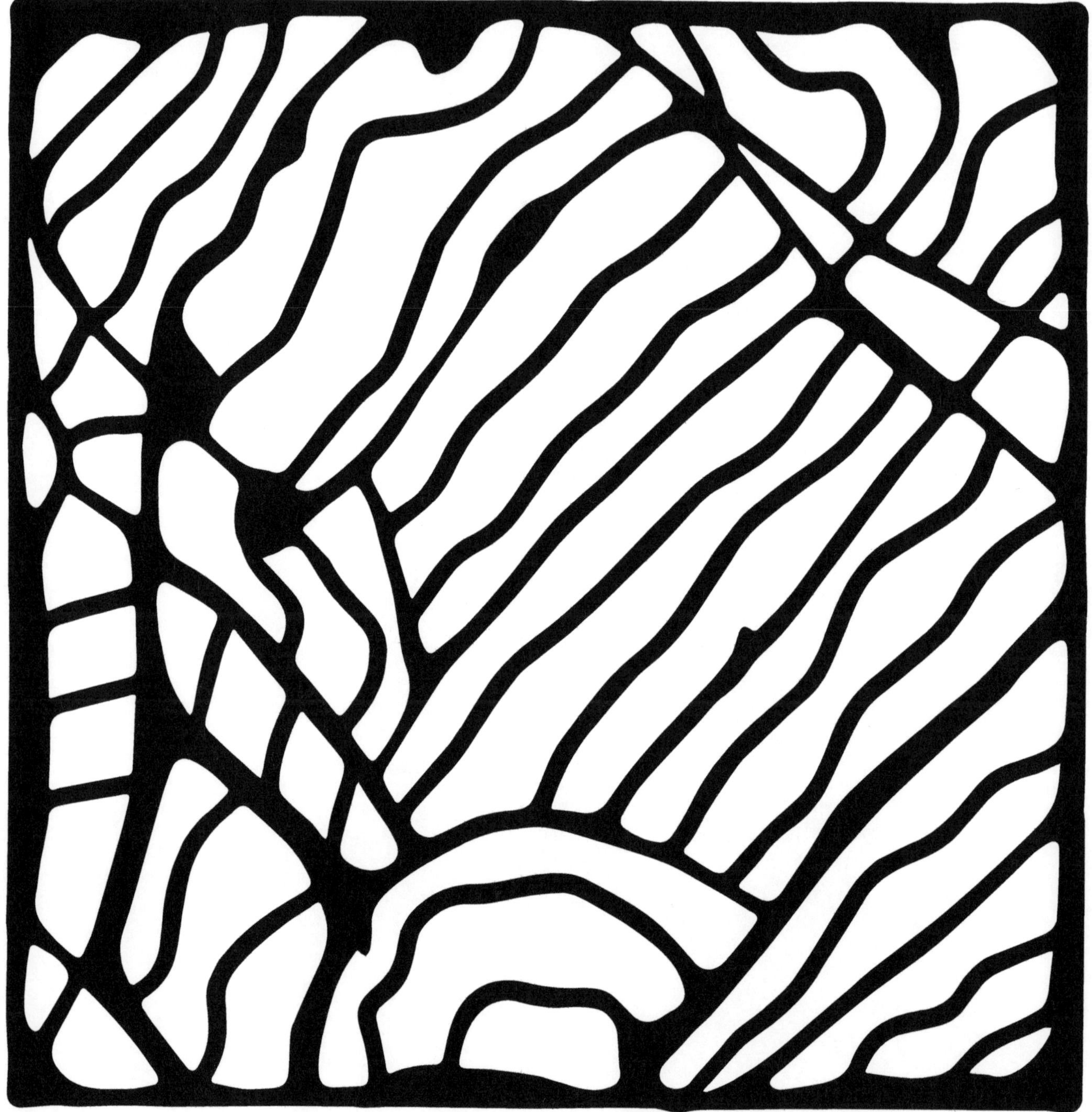

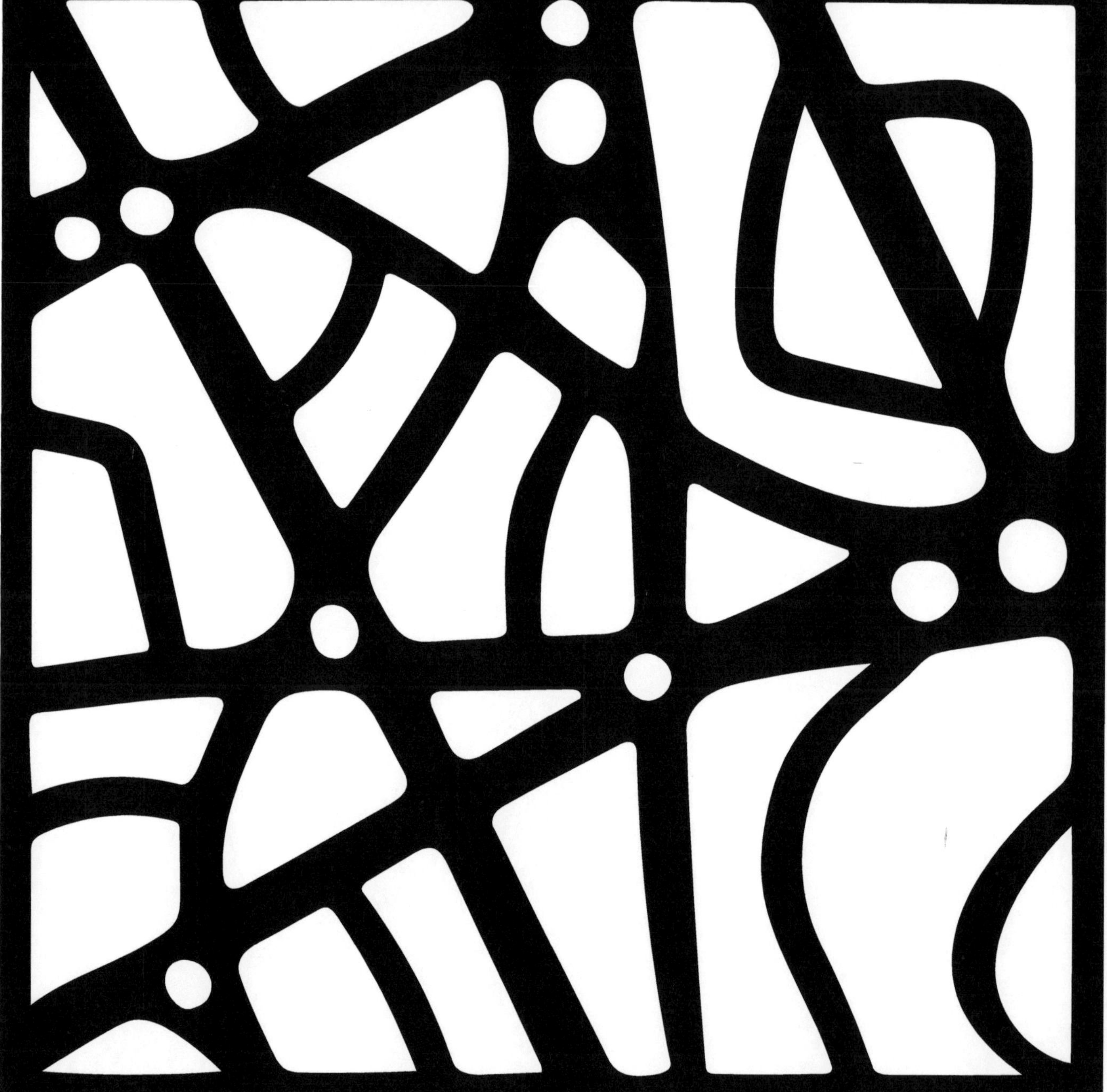

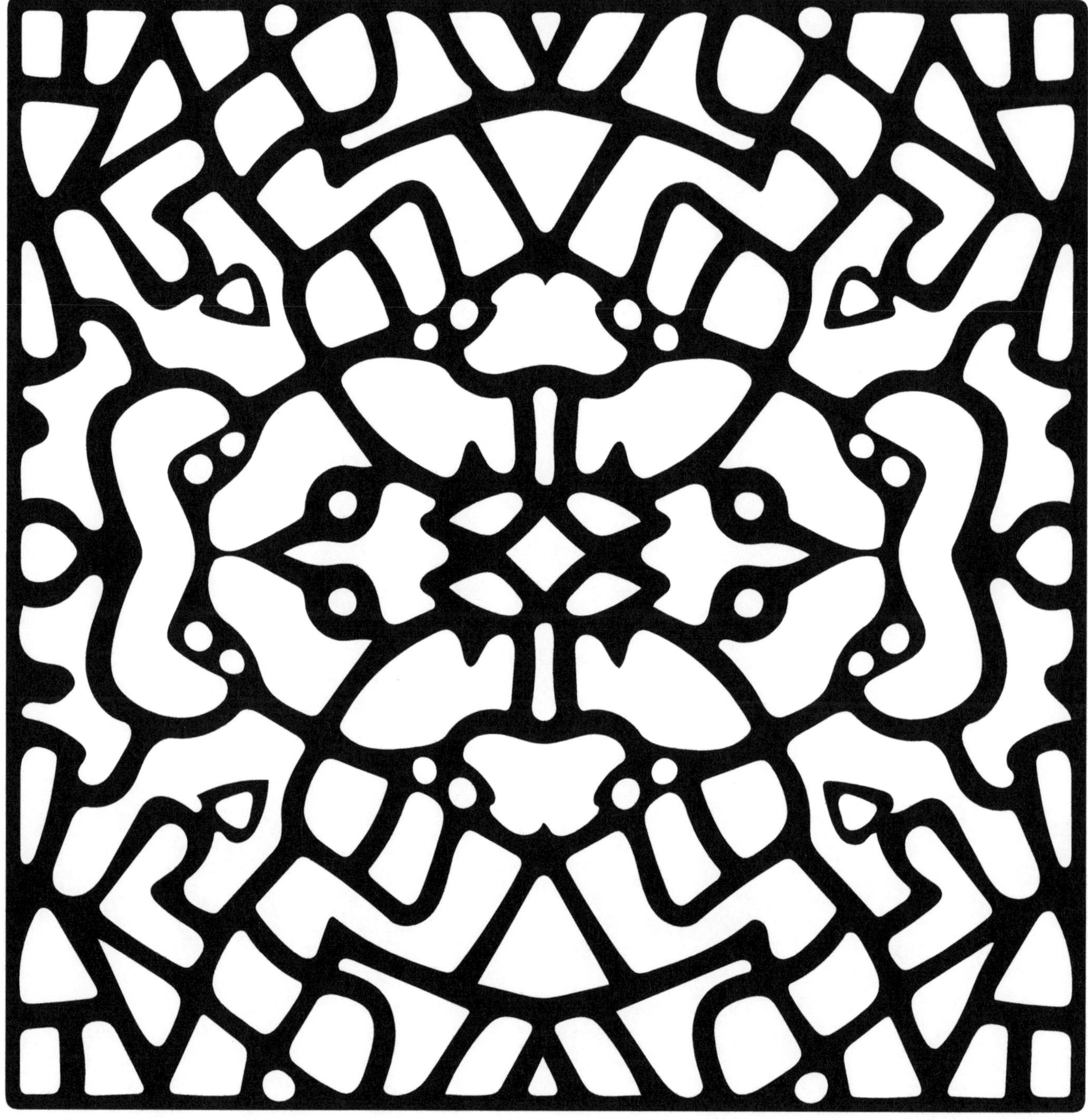

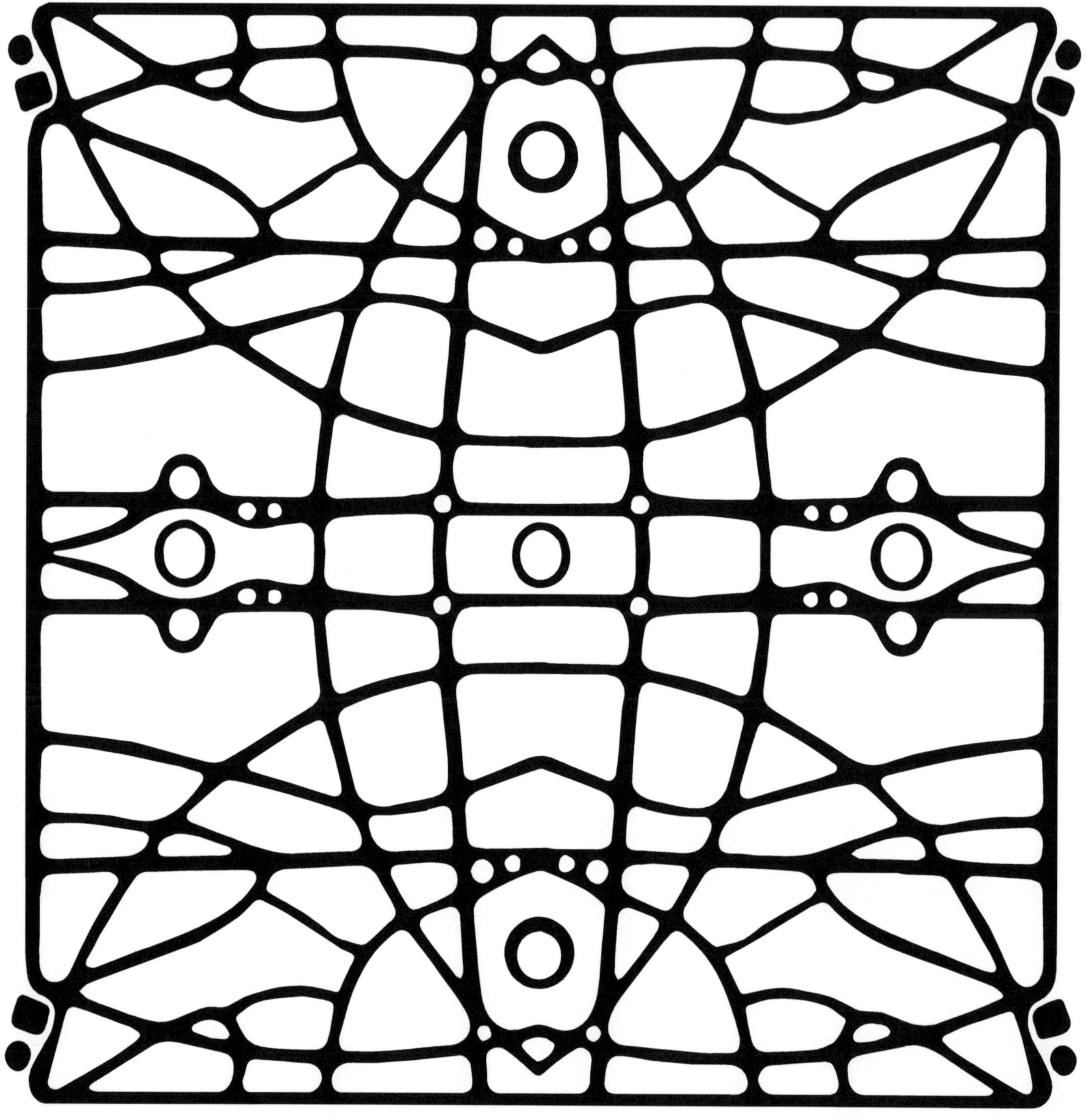

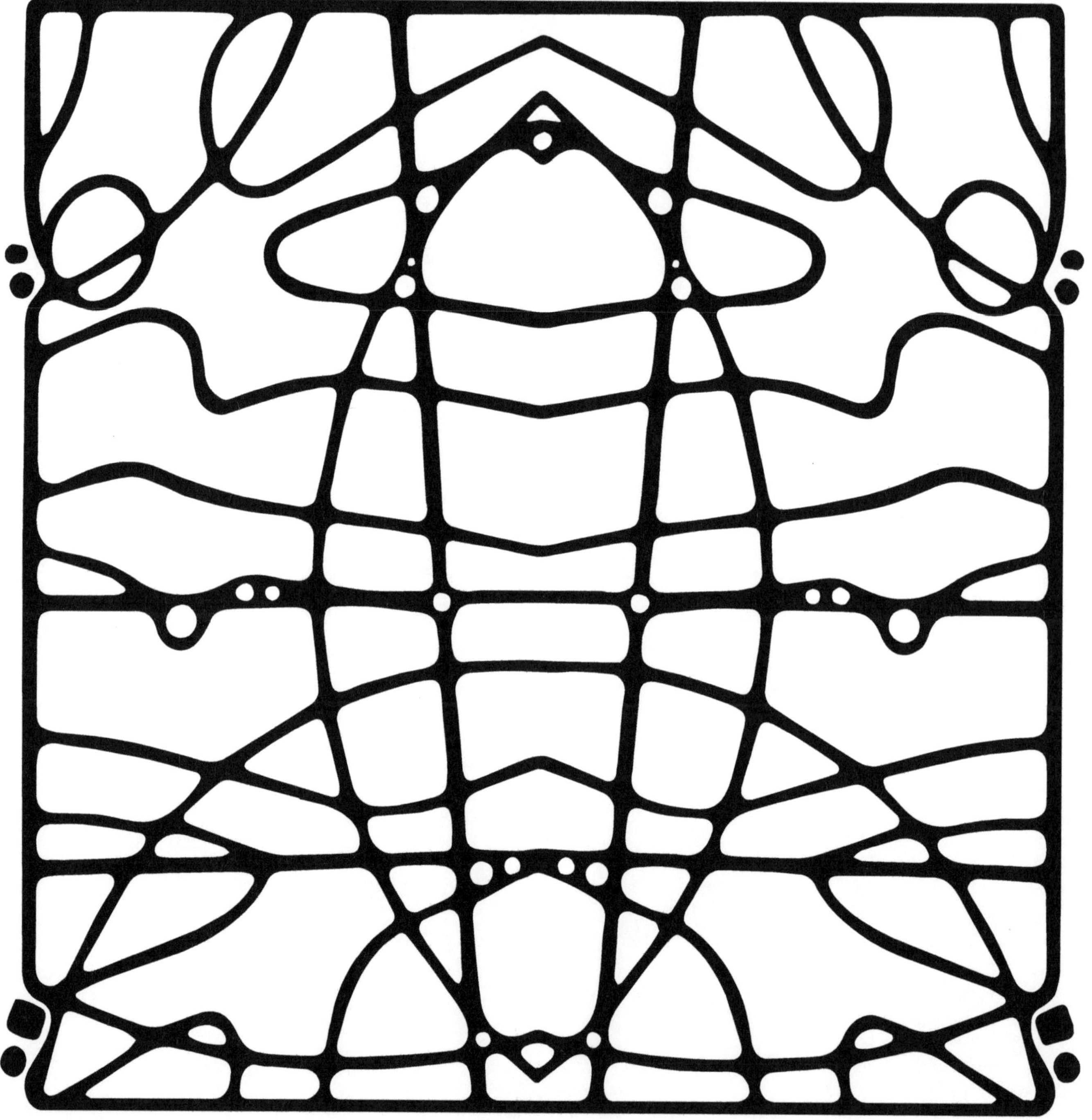

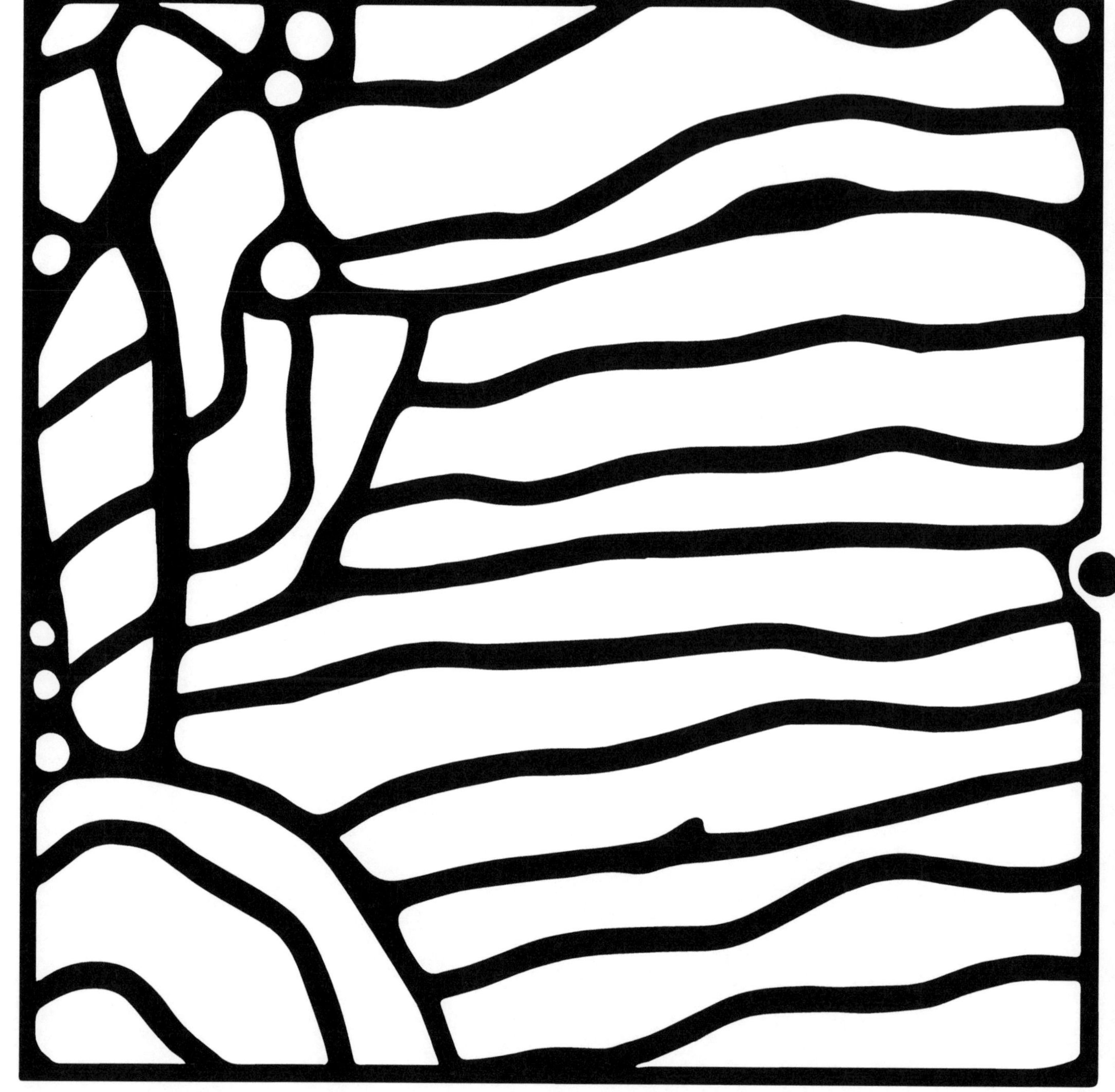

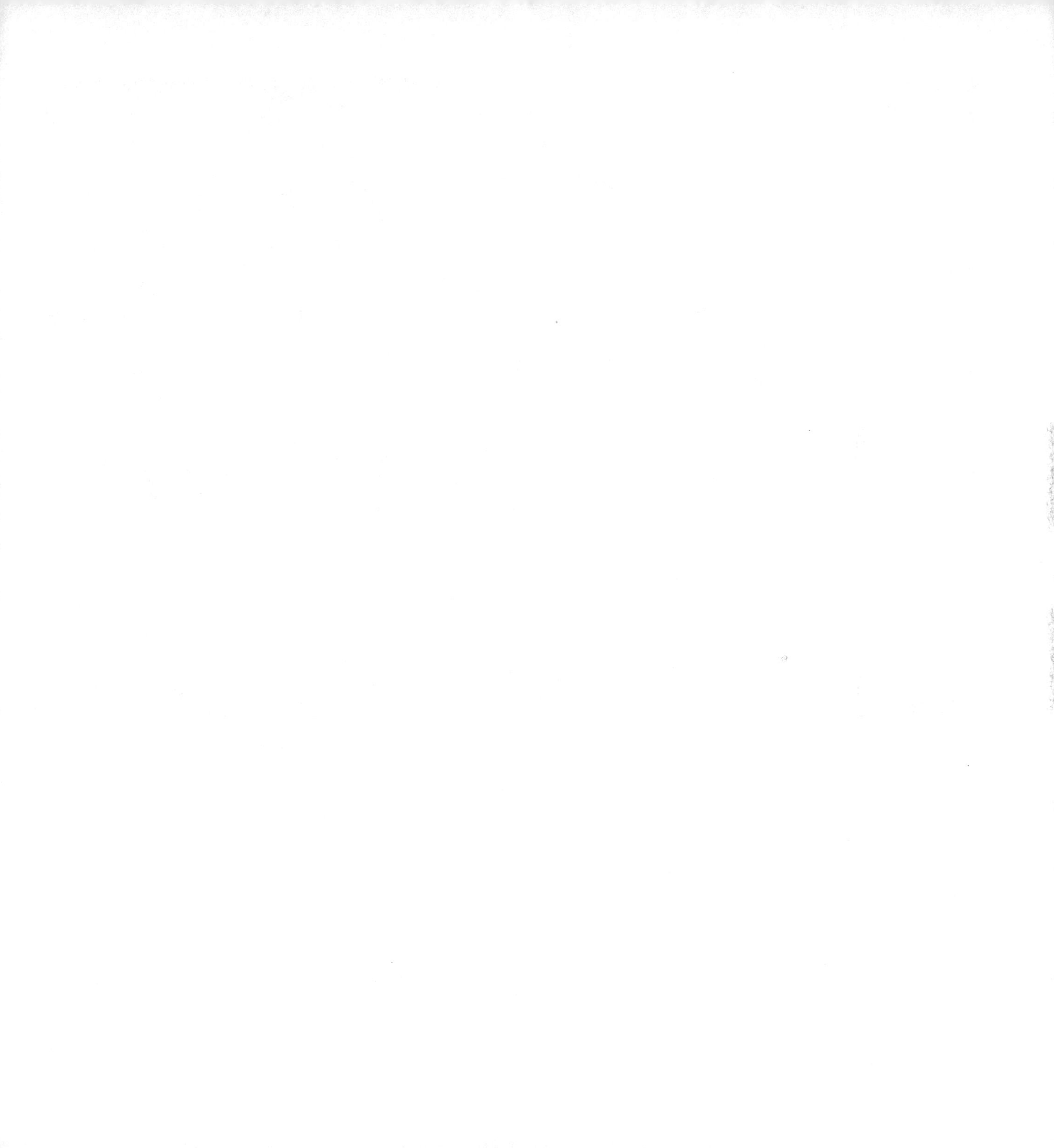

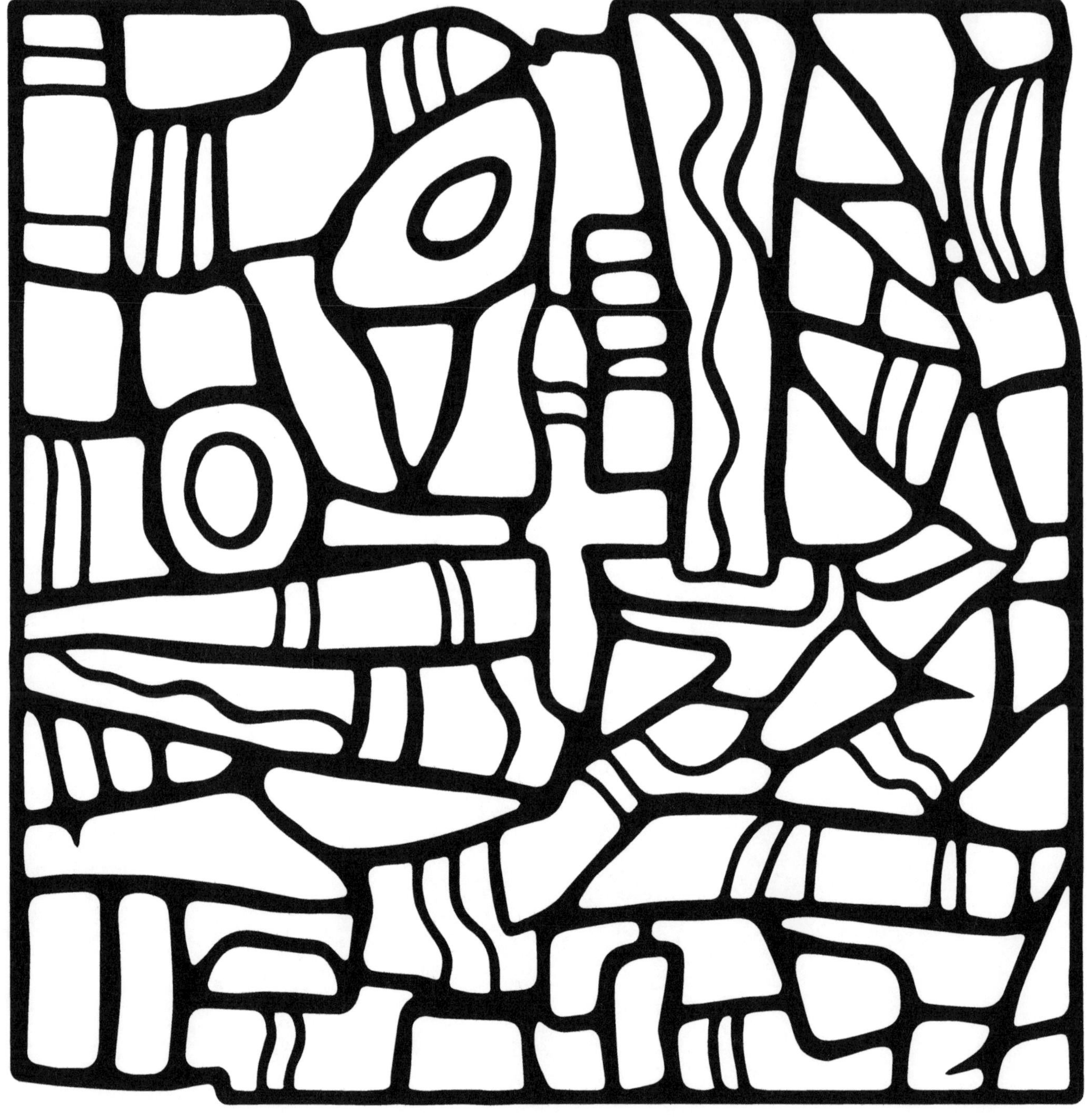

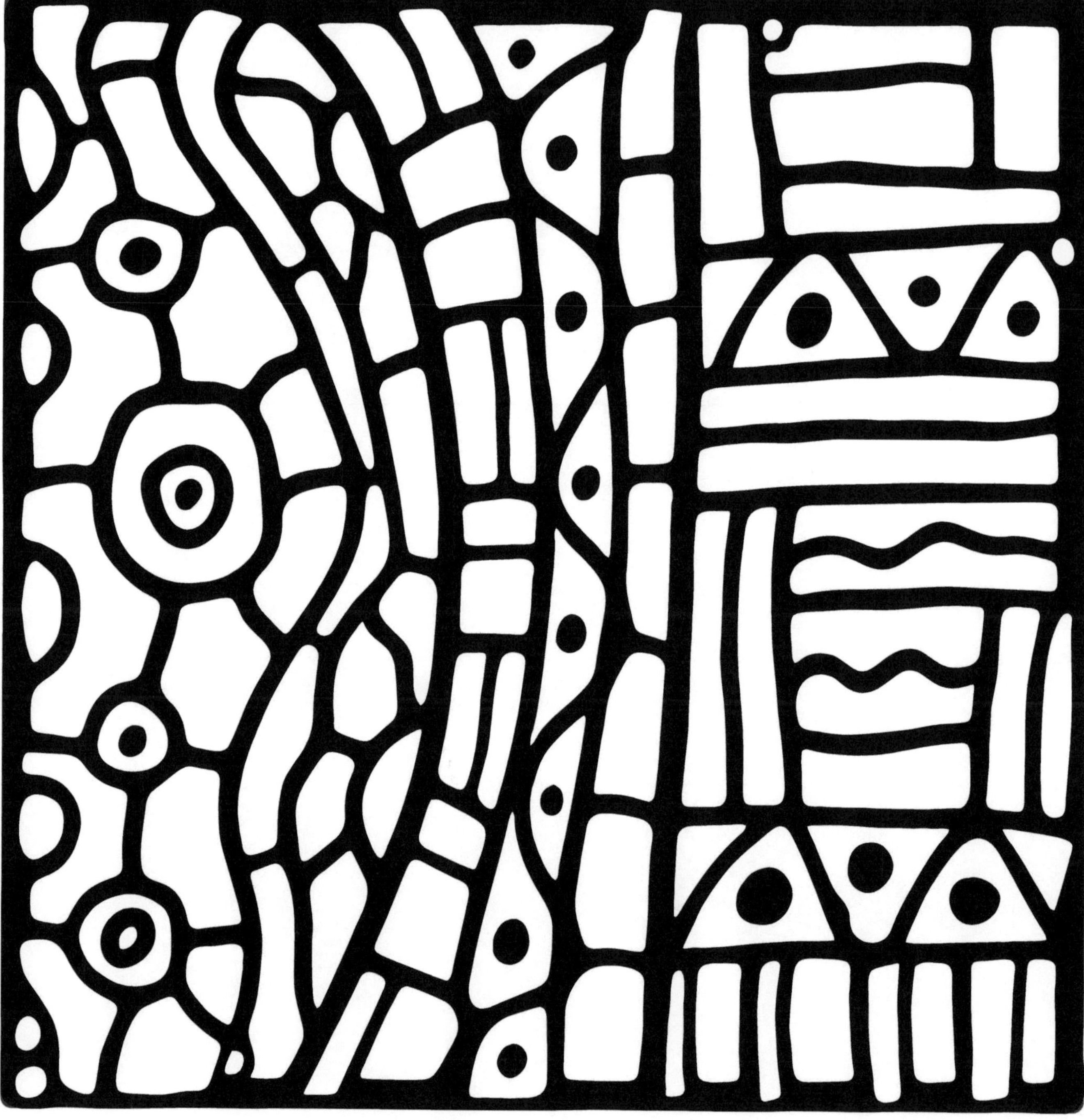

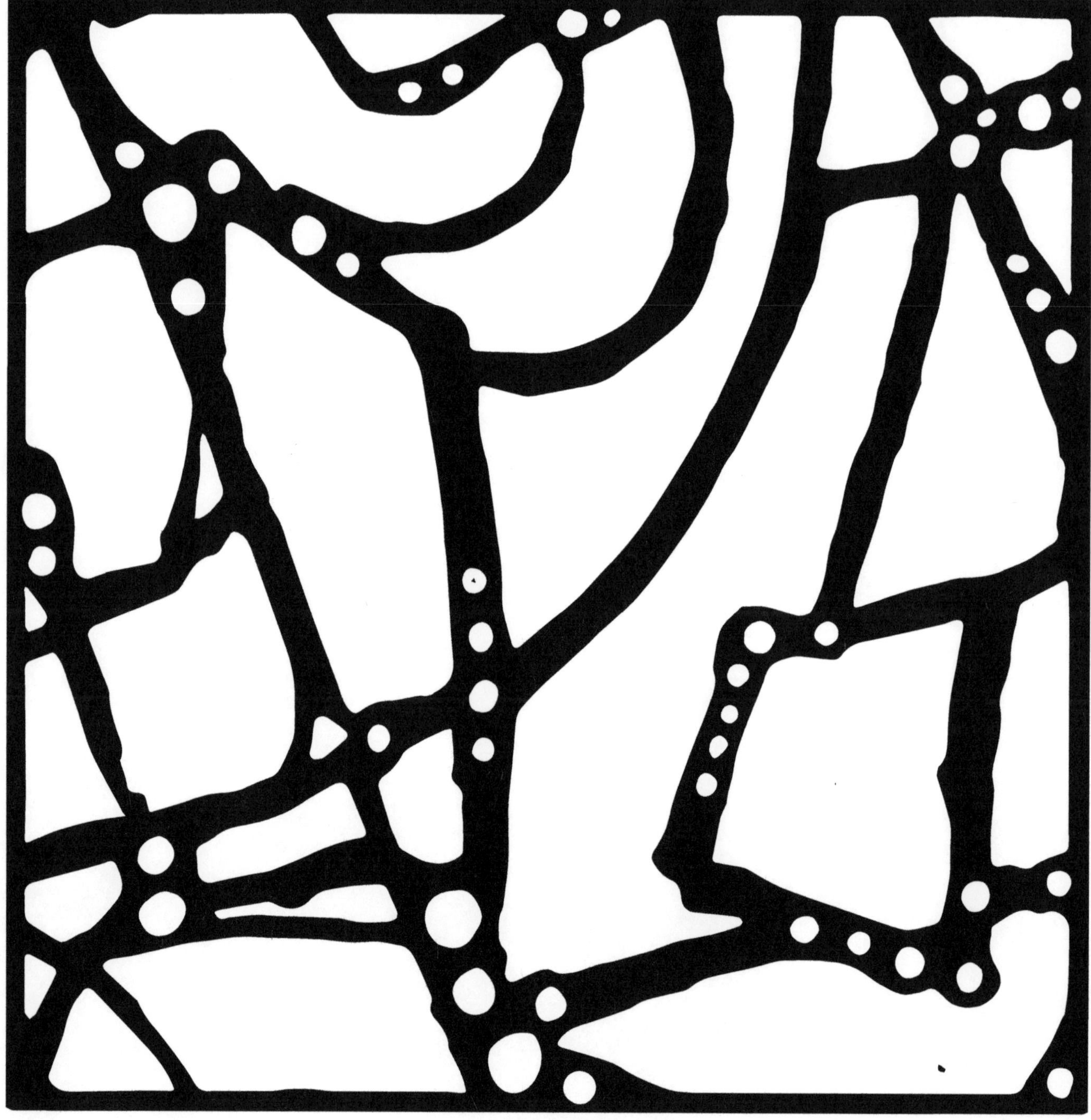